Study on the Governance Capacity Building of Higher Vocational
Colleges under the Background of "Double First-Class" Construction

"双一流"建设背景下
高职院校治理能力建设研究

王旎 著

西南财经大学出版社
Southwestern University of Finance & Economics Press

中国·成都

图书在版编目(CIP)数据

"双一流"建设背景下高职院校治理能力建设研究/王旆著.—成都:西南
财经大学出版社,2021.9
ISBN 978-7-5504-5072-1

Ⅰ.①双…　Ⅱ.①王…　Ⅲ.①高等职业教育—学校管理—研究—中国
Ⅳ.①G718.5

中国版本图书馆 CIP 数据核字(2021)第 195798 号

"双一流"建设背景下高职院校治理能力建设研究
"SHUANG YILIU" JIANSHE BEIJINGXIA GAOZHI YUANXIAO ZHILI NENGLI JIANSHE YANJIU

王旆　著

策划编辑:刘治强
责任编辑:刘佳庆
助理编辑:李琼
责任校对:植苗
封面设计:张姗姗
责任印制:朱曼丽

出版发行	西南财经大学出版社(四川省成都市光华村街 55 号)
网　　址	http://cbs.swufe.edu.cn
电子邮件	bookcj@swufe.edu.cn
邮政编码	610074
电　　话	028-87353785
照　　排	四川胜翔数码印务设计有限公司
印　　刷	四川煤田地质制图印刷厂
成品尺寸	170mm×240mm
印　　张	11
字　　数	201 千字
版　　次	2021 年 9 月第 1 版
印　　次	2021 年 9 月第 1 次印刷
书　　号	ISBN 978-7-5504-5072-1
定　　价	68.00 元

前　言

　　党的十八大召开以来，党中央、国务院高度重视高等教育事业发展，做出了"建设世界一流大学和一流学科"（以下简称"双一流"）的重大战略决策。2017年，"双一流"建设实施方案正式出台，我国的高等教育进入"双一流"建设新时代。这一新的战略规划对高等教育治理能力建设提出了新的要求，它不仅是高等教育治理能力建设的大背景、大环境，同时也表明了高等教育治理能力建设是国家层面的战略宏图，应该得到充分的重视和支持。高职院校是高等教育的重要组成部分，因而对高职院校治理能力建设进行深入研究是新时代对职业教育改革提出的要求，也是国家治理能力现代化改革的主要内容。2019年，国务院印发《国家职业教育改革实施方案》，随后，中国特色高水平高等职业学校和专业建设计划（"双高计划"）正式启动。2020年，教育部等九部门制定并实施《职业教育提质培优行动计划（2020—2023年）》。这些重磅文件为职业教育改革指明了方向，也均对新时代的高等职业教育治理能力建设提出了新的更高的要求。从对高职院校治理能力建设实践的调查研究来看，高职院校治理能力建设存在诸多问题，制约了高职院校治理能力建设工作的有效开展，也影响了高职院校治理能力建设的质量和效率。因此，需要基于"双一流"建设这一时代背景构建科学、系统的高职院校治理能力建设体系，为高职院校治理能力的提升奠定良好的基础条件，实现高职院校治理能力建设的目标，为我国高等教育治理工作的有序开展提供保障。

　　据此，本书从破解高职院校发展瓶颈、构建高职院校治理体系的现实需求出发，对高职院校治理能力建设的背景与内涵进行了相关研究，阐述了高职院校治理能力建设的内涵与必要性。本书选取了我国七所高职院校进行个案研究，通过案例分析法、行动研究法等研究方法，展现出了我国高职院校治理能力建设的实际情况，对比分析了发达国家高职院校治理模式与我国高职院校治理模式的区别，并从治理理念、治理形式、权责关系、资源分配、监管机制等多方面探讨了高职院校治理能力建设中存在的普遍问题，分析了这些问题的成因和影响因素。本书探索了切实可行的行动策略，构建了符合"双一流"要求的高职院校治理能力建设体系与监管机制，为推进高职院校治理体系和治理能力现代化建设提供了切实可行的路径选择和行动方案，具有较强的学术价值和实践意义。衷心希望本书能为各级职业教育管理者、建设者、研究者及关心和支持高等职业教育发展的各界人士提供参考。

本书是湖南省自然科学基金资助项目"'双一流'建设背景下高职院校治理能力建设研究"（2019JJ70019）和湖南省职业院校教育教学改革研究项目"现代治理视域下高职教育质量评价体系研究"（ZJGB2019185）的研究成果。本书在编写过程中，参阅了大量相关文献，在此对原作者表示衷心的感谢。本书的出版也得到了西南财经大学出版社的大力支持，一并表示感谢。书中的不足之处，恳请广大读者批评指正。

王旄

2021 年 7 月

目　录

第一章　导论

第一节　研究背景与意义

一、研究背景

2017 年 10 月，在党的十九大会议上，习近平总书记庄严宣告"中国特色社会主义进入了新时代"，这是我国发展新的历史方位，为我们深刻把握当代中国发展的新阶段新特征提供了时代坐标和基本依据。新时代是一个快速发展变化，面临着全方位、深层次变革的时代，大学亦面临着急遽变革的挑战。自20 世纪 40 年代以来，各国大学面临着深刻的历史转型与改革任务，而且这些变迁至今仍在持续深化、演进之中。特别是自 20 世纪末以来，随着全球范围内高等教育国际化程度的日益加深和我国推进高等教育强国的建设进程日益加快，我国政府先后启动实施了"211 工程"（1995 年）、"985 工程"（1999年）、"优势学科创新平台"（2006 年）、"特色重点学科项目"（2010 年）以及"2011 计划"（2012 年）等一批重点高校或学科建设项目。一系列战略计划的实施，不仅有效推进了我国建设世界一流大学的进程，更为我国社会现代化建设提供了强有力的人才支持和智力支撑。在取得成就的同时，不容忽视的是，一系列重点建设项目也存在身份标签固化导致的等级分化严重、建设交叉重复导致的资源浪费、竞争缺失导致的发展活力不足等问题，这就迫切需要进一步推进高等教育领域的综合改革，加强资源整合，真正激活高等教育发展的一池春水①。在这样的背景下，党中央、国务院立足国内高等教育发展的实际，加强顶层设计，整合现有的重点高校建设项目，在 2017 年出台了《统筹

---

① 王旎."双一流"建设背景下高职院校治理能力建设的现状分析 [J]. 教育观察，2019，8（28）：55-56.

推进世界一流大学和一流学科建设总体方案》，从而开启了"双一流"建设的新时期。同年，教育部公布了全国首批"双一流"大学名单，其中世界一流大学建设高校42所（A类36所、B类6所）、世界一流学科建设高校95所（含前述42所世界一流大学建设高校）。

2013年，党的十八届三中全会通过了《中共中央关于全面深化改革若干重大问题的决定》，提出"全面深化改革的总目标是完善和发展中国特色社会主义制度，推进国家治理体系和治理能力现代化"；在深化教育领域综合改革方面，提出要"深入推进管办评分离，扩大省级政府教育统筹权和学校办学自主权，完善学校内部治理结构"。2019年，党的十九届四中全会通过了《中共中央关于坚持和完善中国特色社会主义制度、推进国家治理体系和治理能力现代化若干问题的决定》，指出"坚持和完善中国特色社会主义制度、推进国家治理体系与治理能力现代化，是全党的一项重大战略任务"。可见，推进国家治理体系与治理能力现代化已经上升为我国的战略选择[1]。高等职业教育是高等教育的重要组成部分，与经济、社会发展关系密切，推进高等职业教育领域的治理改革是落实国家治理体系和治理能力现代化的改革目标之一。为推进职业院校治理体系与治理能力现代化，国家相关部门颁布了一系列的政策，引导其由"管理"向"治理"转变。

2014年，国务院颁布《关于加快发展现代职业教育的决定》，提出"职业院校要依法制定体现职业教育特色的章程和制度，完善治理结构，提升治理能力"。为落实该决定，2015年10月，教育部又颁布了《高等职业教育创新发展行动计划（2015—2018年）》，提出"坚持教学改革与提升院校治理能力相结合"的原则，并且重点指出"建立健全依法自主管理、民主监督、社会参与的高等职业院校治理结构"。2017年12月，《国务院办公厅关于深化产教融合的若干意见》再次强调要加快学校治理结构改革，提出"建立健全职业学校和高等学校理事会制度，鼓励引入行业、科研院所、社会组织等多方参与。推动学校优化内部治理，充分体现一线教学科研机构自主权，积极发展跨学科、跨专业教学和科研组织"[2]。从以上各项政策可以看出，国家倡导大力推进职业院校的治理，高职院校完善治理结构、提升治理能力是其未来发展的必

① 李亚玲. "双高计划"背景下高职院校多元协同治理：内涵、思路与路径 [J]. 机械职业教育，2021（4）：6-8，44.

② 罗清萍. 新形势下湖北高职院校治理体系现状与评价体系探索 [J]. 武汉工程职业技术学院学报，2021，33（1）：52-56.

然选择。2019 年，国务院颁布《国家职业教育改革实施方案》，提出要把发展高等职业教育作为优化高等教育结构和培养大国工匠、能工巧匠的重要方式。高职院校作为高等职业教育主要的办学机构，提升其治理能力是高等职业教育高质量发展的重要途径。

高职院校作为我国高等教育和职业教育的重要组成部分，担负着培养高质量的技术技能型人才、服务经济社会发展的重要使命。2019 年，国务院颁布了《国家职业教育改革实施方案》，指出要"把发展高等职业教育作为优化高等教育结构和培养大国工匠、能工巧匠的重要方式"，进一步明确了高等职业教育的发展方向和人才培养目标。我国产业升级和经济转型发展对高职院校的人才培养质量提出了更高的要求。2019 年 4 月，教育部、财政部发布《关于实施中国特色高水平高职学校和专业建设计划的意见》（以下简称"双高计划"），要求集中力量建设一批引领改革、支撑发展、中国特色、世界水平的高职学校和专业群，带动职业教育持续深化改革，强化内涵建设，实现高质量发展。这一政策的出台，即被视为职业教育版的"双一流"工程。2019 年，教育部、财政部公布了 56 所中国特色高水平高职学校。具体见表 1-1。

表 1-1　高水平高职学校建设单位名单

	学校名称	学校名称
A 档（10 所）	北京电子科技职业学院	浙江机电职业技术学院
	天津市职业大学	山东商业职业技术学院
	江苏农林职业技术学院	黄河水利职业技术学院
	无锡职业技术学院	深圳职业技术学院
	金华职业技术学院	陕西工业职业技术学院

表1-1(续)

	学校名称	学校名称
B档（20所）	北京工业职业技术学院	日照职业技术学院
	天津医学高等专科学校	淄博职业学院
	河北工业职业技术学院	长沙民政职业技术学院
	辽宁省交通高等专科学校	广东轻工职业技术学院
	常州信息职业技术学院	广州番禺职业技术学院
	江苏农牧科技职业学院	深圳信息职业技术学院
	南京信息职业技术学院	顺德职业技术学院
	杭州职业技术学院	重庆电子工程职业学院
	宁波职业技术学院	重庆工业职业技术学院
	浙江金融职业学院	杨凌职业技术学院
C档（26所）	北京财贸职业学院	滨州职业学院
	天津轻工职业技术学院	武汉船舶职业技术学院
	山西省财政税务专科学校	湖南铁道职业技术学院
	内蒙古机电职业技术学院	南宁职业技术学院
	长春汽车工业高等专科学校	海南经贸职业技术学院
	哈尔滨职业技术学院	四川工程职业技术学院
	上海工艺美术职业学院	贵州交通职业技术学院
	常州机电职业技术学院	昆明冶金高等专科学校
	江苏经贸职业技术学院	陕西铁路工程职业技术学院
	温州职业技术学院	西安航空职业技术学院
	芜湖职业技术学院	兰州资源环境职业技术学院
	福建船政交通职业学院	宁夏职业技术学院
	九江职业技术学院	新疆农业职业技术学院

注：数据来源于教育部官网（排名不分先后，按照国务院省级行政区划顺序及校名拼音排序）。

高职院校的治理能力是制约其人才培养质量以及高等职业教育发展水平的

重要因素①。因此，面对推进高等职业教育高质量发展的现实需求，以及提高高职院校人才培养质量的客观需要，高等职业教育领域必须加快推进治理体系与治理能力现代化进程，高职院校应完善其治理结构，提升治理能力，为我国经济社会的发展提供有力的人才支持。总之，高职院校治理能力研究，不仅可以丰富高等职业教育治理理论内容，还可以为提升高职院校治理能力提供实践借鉴。

实际上，"双一流"战略的实施不仅有利于我国加快世界一流大学建设的步伐，同样也为高职院校带来了难得的发展机遇。"双一流"建设重点将引导不同类型、不同层次、不同地域的高职院校充分发挥自身优势与特色，打破当前高校身份标签固化和固定支持模式的困局，最大限度激发高校办出特色、争创一流的动力与活力，从而促进高等教育系统形成良好的竞争氛围。但从目前的发展实际来看，高职院校在办学定位和特色方面存在同质化现象；同时与中央高校相比，地方高校的资源吸引能力和整合能力还相差甚远。"双一流"建设是党中央、国务院做出的重大战略决策，在实施过程中，往往涉及各种制度要素和多重过程的安排组合，我们必须以综合的视角才能认清这些要素的相互影响与作用机制。但从目前的研究来看，其主流的理论范式与研究思路趋向于只关注某一种机制或在研究过程中将其"孤立分化"以供解析。因此，将影响高职院校发展与改革的诸多制度要素等统一纳入多重制度逻辑的分析框架之下，多维度审视我国高职院校在"双一流"建设中的困境与挑战，无疑具有特殊的价值与意义。

二、研究意义

从理论层面来看，尽管学界关于教育领域的治理体系与治理能力已有一定的研究，但是关于高职院校治理能力的研究还处于"起步阶段"，缺乏系统的理论研究。高职院校具备高等教育与职业教育的双重属性，其治理区别于普通高等学校的治理。基于以上考虑，本书以国家治理体系和治理能力现代化的理论基础构建高职院校治理能力的理论框架，可以为高职院校治理能力提供理论借鉴，也可以丰富高等职业教育治理领域的研究内容。

从实践层面来看，高职院校与经济社会发展联系密切，以培养高素质技术技能型人才为主。伴随着我国产业升级、经济转型发展，国家通过多种方式推

---

① 王茂元. 高职院校治理体系与治理能力现代化建设调查研究：以包头职业技术学院为例[J]. 包头职业技术学院学报，2021，22（1）：5-11，16.

第一章　导论　5

进高等职业教育的高质量发展，高职院校需提升人才培养质量以满足社会发展的需求。为此，高职院校必须加快提升其治理能力，这是促进其内涵式发展、提升其人才培养质量的重要保障。本书通过对高职院校治理能力现状的研究，分析存在的问题，并基于理论构建探索提升路径，为高职院校提升治理能力提供实践借鉴。

第二节　国内外研究现状综述

大学治理最早由美国学者科尔森（John Coulson）提出，他在《大学与学院治理》一书中首次运用现代治理理论对大学内部运行进行探讨，提出将治理理论引入大学管理意义重大。美国学者保罗·维斯梅尔（Paul Westmeyer）进一步明晰了大学治理内涵，界定了治理和管理，指出治理注重决策过程，管理注重决策结果。从国内看，"治理"一词源于企业管理，2005年后逐步运用到对高职院校的管理研究。在高职教育现代治理体系中，政府不再是管理的单一主体，而是与非政府组织、社会团体、企业行业、学生、家长等利益相关者通过互动建立平等伙伴关系，以实现共同利益最大化为目标，通过协同参与，持续不断改进，实现善治①。

一、国外研究现状综述

（一）国外高职院校治理实践的现状综述

1. 从国际组织研究来看

联合国教科文组织、经济合作与发展组织，包括欧盟，都是职业教育治理研究的重要机构。2012年5月，联合国教科文组织发布文件《职业教育的转型：培养工作与生活技能》，总结了职业教育对于社会经济发展的作用，分析了职业教育治理结构的参考案例。职业教育善治首先是政府下放权力，再次是使利益相关方结成积极的伙伴关系，最后建立保障程序以及构建政策体系等。根据国际社会的研究，有效的职业教育治理需要解决几个方面问题：政府机构行使对职业教育的权力，以达到职业教育目标；促进职业教育的协调发展，关

---

① 俞可平. 治理与善治［M］. 北京：社会科学文献出版社，2000：97.

键是治理主体间的协调；形成不同国家和地区的职业教育发展质量监测体系；等等①。正如《世界高等教育大会宣言》提出的，高等教育的利益相关者，包括政府、社会、行业、企业、学校内部等，协调合作形成共识，是高等教育发展的趋势。联合国教科文组织于 2015 年年底发布了《反思教育：向"全球共同利益"的理念转变》（*Rethinking Education：Towards a global common good*）报告书，提出了社会经济发展的环境基础作用，本着对世界负责的态度，构建更大多数民众活动发展的机会。

2. 从发达国家的高职教育实践来看

目前，以德国、瑞士、丹麦等为代表的欧洲国家多采取协作性模式（co-ordinated model），即行业企业深度参与。这种方式的核心就是校企合作，上述国家已经形成成熟的案例，其特点就是，政府、行业企业、学校共同协调，构建协同治理模式，提高教育质量。该模式有两个特点：其一，政府负责顶层建设，主要在于制度体系建设，形成完善明确的法律体系，对职业教育各利益主体的权责有明确界定，围绕未来技能培养的需求，形成一套有效沟通、交流、传递机制。其二，行业企业深度参与，即校企融合。为人力资源市场提供最直接的人力资源支持，是职业教育的最大特点，政府、企业、学校将分析这个特点，基于这个特色构建主体关系架构。总而言之，只有准确定位政府、行业、企业、学校各自在职业教育中的权责、职能，把握各自的权限，特别是行业企业的参与方式，才能充分体现职业教育的市场导向和权力架构特点。

3. 从发达国家高职教育管理制度来看

在美国，为了适应市场需求，美国国会早在 1862 年就通过了《莫雷尔法案》。这部法律明确规定了由地方政府给农工学院等职业学校拨付土地无偿使用，并基于政府经费发展学校教育。到 1999 年，美国各州赠地学院的总数达到了 105 所。在政府给予土地支持和经费保障的基础上，美国进一步建立制度体系，保障职业教育持续发展与推进，1990 年《卡尔·D. 珀金斯法案》修订案推出的目的就是强调职业教育的重要性，将职业教育从传统学术教育中分离出来，并找到合适的方式和载体，使两种教育类型之间可以架起沟通的桥梁。到 2009 年，美国两年制的社区学院已经多达 3 400 所②。

在德国，联邦政府具有重视职业教育发展的传统，于 1976 年通过了《德

---

① 冯朝军. 高职院校混合所有制办学的治理结构探析 [J]. 职教发展研究，2021（1）：48-55.
② 郑梦真. 治理与放权：高职院校教师职称制度研究 [D]. 郑州：河南大学，2020.

国高等教育总法》，明确高等职业教育具有合理的法律地位。由于政策支持，德国高职教育发展迅速，到 2009 年德国高职学校数量超过高等教育机构总数的一半，高职学校学生占在校生大学生总数的三成，而且具有很好的发展潜力。目前，德国高职院校数量以及高职学生质量，都可以和传统大学相提并论；德国 2/3 的工程师、2/3 的企业管理者毕业于高职院校，这些高职学校的毕业生对于德国经济和社会生活发展影响重大。

在英国，1992 年 3 月 6 日英国议会通过了《1992 年继续教育和高等教育法》，让职业教育从传统教育系统中独立出来，继续由政府出资建设，治理机构变为董事会。

4. 从国际高职教育治理模式的研究来看

目前，世界高职教育治理模式根据需求主体不同，可以概括为企业需求导向、市场需求导向和政府需求导向三种高职教育治理模式，其治理结构分别分析如下：

第一种，企业需求导向的高职教育治理模式。学徒制是基于企业岗位需求的职业教育模式，因此，学徒制是职业教育的最早形态。根据学徒制的制度形态变化，学徒制的历史可以分为前学徒制、中世纪的行会学徒制、16-18 世纪的国家立法学徒制、工业革命后的集体商议学徒制、二战后的现代学徒制五个阶段。部分传统行业依旧采用学徒制模式，尤其是在部分以手工业为主的第三世界国家。

第二种，市场需求导向的高职教育治理模式。这种职教模式的特点是以市场调节为导向，因为这种模式基于生产企业、劳动力市场对工作和职业技能的需求。以市场需求为导向的职业培训体系主要出现在美国和日本等国。

市场需求导向模式下其实并不存在类似高职院校的独立职业培训体系。其实，这种模式的载体还是普通学校，传统教育在学校中占主导，义务教育阶段之后的职业培训则在岗位技术技能培养上发挥重大作用[1]。而职业培训主要是由企业来承担的，他们必然在培训市场上发挥主导性的作用。

第三种，国家行政管理导向的高职教育治理模式。这种职业教育模式是基于政府需求的，其结构类似于传统学校，是在国家行政机关的管理下运行的。这种模式在当今世界运用得最为普遍。普通教育和职业教育一体，这种做法在

---

① 张呈宇，刘恋秋. 大数据背景下高职院校治理能力提升探索 [J]. 数字技术与应用，2021，39（2）：219-221.

成绩的认定方面表现更为明显：学生在学校的考核成绩与社会所需的职业技能水平（经常是技能等级）直接挂钩。同时，学校的毕业考核成绩既是学生继续进入高等学校深造的依据，也成为他进入专业技术领域参加具体工作的证明。政府主导职业教育的愿望越强烈，培训系统的管理和实施就会越封闭。当然，企业也能借助一些间接的方式影响职业教育，比如在法国、德国等，一些大型的企业或者行业协会创立了属于自己的学校，这些学校和普通学校一样接受国家的经费补贴，同时遵守国家关于职业培训的法律法规。德国波恩大学的Werner Eichhorst 等人，针对职业教育治理模式开展研究，在世界范围进行比较分析，最终得出结论：德国的双元制职业教育治理模式最具有效率。

（二）国外学者关于高校治理研究的现状综述

大学治理的概念最早由美国学者科尔森（John Coulson）提出，他在《大学与学院治理》一书中首次运用现代治理理论对大学内部运行存在的问题进行了探讨，并提出将治理理论引入大学管理极具实践意义。与传统的行政管理相比，大学治理更注重管理的一系列过程，治理结构正是每一个治理环节中实现治理目标的必要手段，是平衡大学内部领导层、执行层、民主监督层等各个价值主体的制度安排。美国专家保罗维斯梅尔（Paul Westmeyer）进一步明晰了大学治理的内涵，并对治理和管理进行了比较，指出在大学内部存在治理与管理两个方面，治理注重决策过程，管理注重决策的结果。

近些年，国外学者纷纷对高职院校治理能力进一步展开了深入研究，并获得了丰富的理论研究成果，具体如下：

Somchai Ruangpermpool 等人（2020）提出了民主管理的积极意义，师生参与民主管理可以增强学校决策的科学性，教师参与学校民主管理可以为其将来可能从事的管理岗位提供锻炼机会，参与相当于培养[1]。

Harold Combita 等人（2020）从知识管理的角度研究大学治理，通过大学治理的结构研究，探讨利用知识管理理论进行绩效评价；从利益相关者视角对大学治理研究，包括教师、学生、家长、校友对于大学治理的影响[2]。

Michael M.Crow 等人（2020）提出大学内部治理结构中教师层和管理层的

---

① RUANGPERMPOOL S, IGEL B, SIENGTHAI S. Trust and dynamic governance mechanisms in the university-industry R&D alliances [J]. Journal of science and technology policy management, 2020, 11 (2): 171-192.

② COMBITA H, CóMBITA J, MORALES R. Business intelligence governance framework in a university: Universidad de la costa case study [J]. International journal of information management, 2020, 50: 405-412.

二元治理理论。其中教师层负责教学科研任务，管理层负责日常行政事务。二元结构充分体现了大学管理的层次性和民主性，明确了大学内部职级结构的分工①。

Murray J.Leaf（2019）从政治学的角度分析，认为大学治理过程受外部多种因素的影响，多个成员共同参与决策才更具说服力，大学须走法人治理的道路。这充分体现了院校治理多元利益主体参与的共同治理观点②。

Zatar（2019）提出大学治理的权力均衡说。他认为大学内外部各权力系统最终都要归于权力均衡，唯有均衡才会有效，学术权力和行政权力要相互配合，共同治理③。

André Tioumagneng（2019）认为非正式过程往往更优于正式过程，指出治理不仅具有管理的性质，更是人们在沟通过程中产生交流互动和信任的过程，其中信任感能在很大程度上提高大学治理的效率④。

Engwall 等人（2018）对大学治理研究时，提出大学治理主体之间为三角模型，如政府主导型的代表是法国，即政府在大学发展中起重要作用；市场主导型的代表是美国和英国，即大学面向市场需求，以大学自治办学为主；大学主导型的代表是德国，即强调学术治理才是大学治理的关键。从总的发展趋势看，大学内外部的利益相关者参与大学治理过程，尤其是参与主要决策过程，形成了共同治理模式。公共产品多元治理的模式创新，需要有效运行的制度体系支持，就必须通过政府等权威力量改变制度变迁的路径依赖性质。对于内部权力结构的分析，可以分为大学和院系这两个层面⑤。

Luangsay-Catelin 等人（2018）认为大学治理是一个系统的治理体系，进行大学治理既要考虑内部治理结构，同时也需要考虑外部治理结构，只有这样

① CROW M M, WHITMAN K, ANDERSON D M. Rethinking academic entrepreneurship: university governance and the emergence of the academic enterprise [J]. Public administration review, 2020, 80 (3): 511-515.

② LEAF M J. An anthropology of academic governance and institutional democracy [M]. New York: Palgrave Macmillan, 2019: 35-80.

③ ZATAR T S. The impact of implementing the requirements of governance on the performance of the teaching staff members at the University of Jeddah [J]. International review of management and marketing, 2019, 9 (2): 12-17.

④ TIOUMAGNENG A. Exploring the researcher's motivations for university governance some configurations in the African Context [J]. Business and management studies, 2019, 5 (3): 54-64.

⑤ ENGWALL, LARS. Montesquieu in the University: The governance of world-class institutions of higher education and research [J]. European review, 2018, 26 (2): 285-298.

才能真正解决大学治理问题。共享治理模式也是治理理论发展的结果，大学治理需要激发更多利益相关者参与其中，实现权力平衡①。

Boggs 等人（2018）提出了高校治理结构中的核心要素。他认为问题主要集中在三个方面：第一是大学内部各项权力的配置；二是治理机构要如何解决不正当的外部力量干扰学术自由的现象；三是如何合理处理与正当的外部力量的关系。也就是说优化高校治理结构要处理好高校与外部权力的关系②。

Fumasoli（2018）以加州大学为样本，分析了美国高校外部治理环境的变化，以及高校如何使自己不受干预。他在文中着重探讨了政府干预对加州大学造成的影响，以及该校如何抵制这种力量。他认为加州大学以市场替代政治力量，从而较为成功地减少了政府干预，以此来维持大学的独立。最后的结论是加州大学虽然是公立机构，但在实际运行过程中却有较大的自主权，类似于私人公司③。

Schmal 等人（2018）从历史的角度出发，通过对高校治理结构变迁的调查探寻治理结构和治理效能之间的相关性，并提出高校治理结构设置对决策变化的影响并不明显。他认为管理者的能力、各利益相关者之间的关系及信任程度对高校治理的影响更为重要④。

Hartati（2018）从国际高校间比较的视角出发，对德国、英国等欧洲国家的高校进行了调查分析，论述了教师对参与学校治理的期待和共享治理的本质，并提出了提高高校治理效率的重要基础是教师的专业性⑤。

Ansori 等人（2018）认为，在高校中有正式的管理机构设置和明确的治理约束规则的方式称为"硬治理"，并提出既要关注高校"硬治理"，也不能忽视高校中"软治理"的作用，这其中包括了七种关键要素，如选择适合学校

---

① LUANGSAY-CATELIN C, GASNER-BOUQUET M H. The university social responsability：new challenges by university governance? ［J］. Post-print, 2018, 35 （6）：149-169.

② BOGGS A M, MIDDLEHURST R. The politics of university governance and United Kingdom devolution ［M］. New York：Edward elgar publishing, 2018：46-65.

③ FUMASOLI T. System integration and institutional autonomy. resilience and change in reforming the governance of the university sector ［EB/OL］. （2018-07-18）［2021-08-25］. https：//ecpr. eu/ Events/Event/PaperDetails/3402.

④ SCHMAL R, CABRALES F, SCHMAL R, et al. The challenge of university governance：the chilean case ［J］. Ensaio：aval. pol. públ. Educ, 2018, 26 （100）：822-848.

⑤ HARTATI N. The influence of good university governance on human capital ［J］. Social science electronic publishing, 2018, 3 （1）：1-8.

发展的董事、平衡董事与校长之间的权力等①。

二、国内研究现状综述

（一）国内学者关于高职院校治理理论研究的现状综述

李亚玲（2021）探讨了高职院校多元协同治理理论的内涵、思路与路径，伴随着产业结构的深入调整，一些旨在提升高职院校发展质量的宏观政策不断推出，以建设中国特色高水平高职学校和专业为主要目标的"双高计划"更是为高职院校发展带来了前所未有的战略机遇。在此背景下，高职院校应从"双高计划"实施的现实背景与政策要求出发，通过以章程为核心、加强制度建设，制定权力清单、明确权责关系，完善组织架构、增强协同能力，拓展参与渠道、构建运行机制等途径深化多元协同治理探索，提升整体治理水平，实现高质量发展②。

赵月月等人（2019）基于协同理论研究了高职院校治理组织运行，指出治理组织建设及其协同运行是实现高校治理结构优化和治理能力提升、促进高等教育治理能力现代化的重要基础。当前，高职院校治理组织协同运行存在校系两级党政组织权力边界模糊、学术权力发挥受行政力量限制、学术治理组织间横纵向关系不清、师生的民主监督权力未能有效行使等问题。在协同理论相关原理的启迪下，他们提出了构建高职院校治理组织的理论框架③。

陈发军（2018）认为复杂性理论是研究复杂系统行为与性质的诸多理论构成的体系。他运用复杂性理论对高职院校组织系统内外部要素进行分析，提出了高职院校治理结构改革的三个策略：主动融入社会经济发展，建立耗散结构系统；厘清组织内外权责关系，形成超循环系统；充分运用内外信息资源，触发"巨涨落"突变④。

孙云志（2017）探讨了高职院校治理的理论基础，高职院校治理的概念

① ANSORI A F，EVANA E，GAMAYUNI R R. The effect of good university governance, effectiveness of internal controlling system, and obedience of accounting regulation on the tendency of fraud in PTKIN—BLU. 2018，9（4）：105-112.

② 李亚玲. "双高计划"背景下高职院校多元协同治理：内涵、思路与路径 [J]. 机械职业教育，2021（4）：6-8，44.

③ 赵月月，罗尧成，肖纲领. 基于协同学理论的高职院校治理组织运行研究 [J]. 教育与职业，2019（3）：20-25.

④ 陈发军. 复杂性理论视角下高职院校治理结构改革策略 [J]. 中国职业技术教育，2018（21）：17-21.

应涵盖高职院校治理主体、制度以及治理效果等方面，涵盖落实高职院校办学自主权、强化学术权力以及开放内部组织等问题，从而构建起现代化高职院校治理体系。其中，多中心理论基础是自主治理，利益相关者理论基础是多元"个体判断"产权理论，组织理论基础是多元组织结构整合①。

肖纲领和罗尧成（2016）研究了学生参与高职院校治理的理论、问题与应对策略。学生参与指学生以主体身份，在特定的领域内、有限的程度上，以直接或代表的方式，积极地、负责任地参与大学内部"共同治理"。治理理论、利益相关者和主体性教育理论等理论及国内外一些高职院校学生参与治理的实践表明，高职学生参与学校现代大学制度和治理建设是高等职业教育发展的重要内容②。

吕新福（2016）基于利益相关者理论研究了高职院校治理模式。教育是国之根本，旨在为国家的发展提供重要的人才支持，是社会广泛关注的话题。新时期，为了实现对人才的全面培养，应重视对职业型、应用型人才的培养，高职教育成为我国教育系统的重要组成部分。利益相关者理论积极调整与完善高职院校治理模式，旨在实现高职院校与企业间的密切合作，以达到双赢的效果，为此，文章就利益相关者理论下的高职院校治理模式进行了分析与探究③。

（二）国内学者关于高职院校治理实践研究的现状综述

汤晓伟（2021）展开了"双高"建设背景下高职院校提升治理水平的实践研究，职业院校治理水平提升包含学校治理体系完善和学校治理能力提高两个方面。提高高职院校治理水平可从多角度出发，坚持问题导向，把握关键领域，抓住关键环节，攻克关键难题；深化内部改革，激发二级学院的办学活力与动力，推动产教融合、校企合作，构建多元办学机制，全面提升学校人才培养质量④。

戴小华（2020）探索了高职院校内部治理现代化的实践路径，内部治理现代化是高职教育综合改革与发展的迫切要求。当前，高职院校内部治理仍存在治理主体一头独大、权责不明，治理结构保守僵化、效率低下，治理文化价

① 孙云志. 高职院校治理的理论基础［J］. 中国职业技术教育，2017（3）：24-28.

② 肖纲领，罗尧成. 学生参与高职院校治理的理论、问题与应对策略［J］. 出版与印刷，2016（3）：24-26.

③ 吕新福. 利益相关者理论下的高职院校治理模式分析［J］. 中国市场，2016（47）：101，103.

④ 汤晓伟. 双高建设背景下高职院校提升治理水平的实践研究［J］. 现代职业教育，2021（4）：70-71.

值冲突、发展滞后等问题，为了扭转这一现状，高职院校要从治理主体多元化、治理结构分权与制衡、构建多维共生文化生态等方面出发，全面助推高职院校内部治理的现代化发展①。

苗艺等人（2020）分析了优秀传统文化融入高职院校治理的实践策略，优秀传统文化是中华民族五千年历史的积淀，对社会主义文化建设有着至关重要的意义。近年来，国家大力推动传统文化进校园，培养具有传统文化底蕴的新时代人才。文章分析了传统文化融入高职院校治理工作中存在的学生认同度不足、传统文化教育资源利用率不高、传统文化教育与职业技能教育脱节等问题，针对存在的问题，从"互联网+"建设、传统文化教育基地合作、校园文化建设、学生管理与课程建设等多个层面提出了实践策略②。

梁克东（2020）研究了"双高计划"背景下高职院校治理现代化的理性思考及实践路径，"双高计划"为高职院校发展创造了良好的制度环境。当外部的制度及资源供给得到较好解决后，高职院校治理体系与治理能力对中国特色高水平高职学校创建具有决定性影响。高职院校治理现代化面临新的挑战：国家政策密集出台明确了高职院校亟待肩负的新使命，产业转型升级加快对高职院校治理现代化提出了新要求，办学规模急剧扩张对高职院校的治理能力和水平提出了新挑战。高职院校治理现代化要求在治理主体上坚持多元参与，在治理结构上坚持开放合作，在治理方式上坚持精准施策，在治理体系上坚持章程引领。高职院校治理现代化需要形成利益相关主体共同参与的新格局，构建基于院校研究的决策支持新体系，培育自觉自行的内部质量保障新文化③。

康溪顺（2019）进行了高职院校内部治理改革研究。探索具有高等职业教育特色的内部治理体系是高职院校内涵发展的客观需要，也是提高人才培养质量的迫切要求。据此，文章梳理了目前高职院校内部治理存在的问题，分析了影响高职院校内部治理的主要因素，对漳州职业技术学院进行了一系列内部治理改革分析，在此基础上讨论公办高职院校内部治理的有效路径及实践

---

① 戴小华. 高职院校内部治理现代化实践路径 [J]. 辽宁省交通高等专科学校学报，2020，22（4）：69-71.

② 苗艺，马晨阳，王亚炜. 优秀传统文化融入高职院校治理的实践策略研究 [J]. 邢台职业技术学院学报，2020，37（1）：58-61.

③ 梁克东. "双高计划"背景下高职院校治理现代化的理性思考及实践路径 [J]. 中国职业技术教育，2020（1）：26-30，61.

经验①。

（三）国内学者关于高职院校治理结构研究的现状综述

周易（2020）基于内部控制视角研究了高职院校治理结构，2019年1月24日，国务院出台《国家职业教育改革实施方案》，"双高计划"正式启动。提升高职院校治理水平既是"双高计划"的改革发展任务，又是"双高计划"顺利实施的重要保障。但是，目前国内高职院校治理结构仍存在一些问题，进而影响高职院校的发展。文章基于内部控制视角探讨了高职院校治理结构存在的问题，并提出提升高职院校治理水平的策略②。

张金燕和胡慧慧（2020）进行了高职院校现代学徒制治理结构研究。我国的经济发展关键在人才培养，职业教育是其重要组成部分。现代学徒制是高职院校开展职业教育教学改革的重要模式，对其治理结构进行研究，并有针对性地根据各利益相关主体进行改进，是指导现代学徒制实践成功的前提③。

张晋红（2020）探讨了高职院校优化内部治理结构的途径。面对我国当下社会经济发展的新形势，高职院校应当紧紧围绕提高教学质量的核心理念，在培养人才的过程中重视结构调整以及经济转型的要求，充分保障自身内部治理体系的科学性以及完善性，促使内部治理结构进一步优化，推动学校治理向着新台阶跃进。在对高职院校内部治理结构进行优化的过程中，高校应当确立科学的办学指导观念与思想，为经济社会的发展服务，意识到优化治理中提高质量的关键是优化学校内部的组织关系，完善并优化高职院校内部治理结构④。

孙建（2020）针对高职院校内部治理结构存在结构封闭、行政权力泛化、学术权力弱化、民主参与虚化的问题，提出构建开放多元的治理结构和分权制衡的权力体系的高职院校内部治理结构改革策略，并根据高等教育法要求和高职院校内部治理实际，提出构建利益相关者共同参与的决策咨询体系、党委领导下的决策体系、校长负责下的行政体系、教授引领下的治学体系和民主参与下的监督体系等具体改革举措⑤。

---

① 康溪顺. 公办高职院校内部治理改革的实践与探索：以漳州职业技术学院为例 [J]. 漳州职业技术学院学报，2019，21（1）：19-24.

② 周易. 基于内部控制视角下高职院校治理结构研究 [J]. 当代会计，2020（22）：37-38.

③ 张金燕，胡慧慧. 高职院校现代学徒制治理结构研究 [J]. 科技经济导刊，2020，28（33）：89-90，93.

④ 张晋红. 高职院校优化内部治理结构的途径探讨 [J]. 现代经济信息，2020（10）：34-36.

⑤ 孙建. 高职院校内部治理结构：问题、策略与举措 [J]. 教育与职业，2020（7）：40-45.

查吉德（2019）指出高职院校治理结构改革应把握内外部形势变化，明确改革方向，由单中心治理向多元共治转变，由封闭的内循环系统向开放的内外协同系统转变，由人治向法治转变；明确价值取向，坚持以人为本、注重效率和可持续发展；具体改革框架方面，系统设计组织机构、组织机制及制度体系，力求组织机构扁平化、组织机制科学化、制度体系标准化①。

（四）国内学者关于高职院校治理能力研究的现状综述

王茂元（2021）指出为加快推进治理体系与治理能力现代化建设，找准问题、理清思路、完善举措，全面提升高职院校的治理能力和治理水平，进行内部治理情况调查研究，通过调研找出了存在的主要问题，提出了下一步完善治理体系、补齐短板、提高治理能力、推进学院高质量发展的具体对策与建议②。

张呈宇和刘恋秋（2021）认为当前我国高职院校治理面临诸多困境，文章以大数据为背景切入高职院校治理能力研究，强化数据治理思维，加强高职院校治理数据平台建设，提升高职院校科学决策能力、执行能力和信息共享能力，有效提升高职院校的治理能力和治理水平，促进高职院校的快速发展③。

佟海涛（2021）进行了新时代高职院校领导干部治理能力现代化研究，党的十九届四中全会要求把提升治理能力作为各级领导干部建设的首要任务之一。加快推进教育治理能力现代化建设是国家治理能力现代化的重要组成部分。当前，职业教育进入改革发展攻坚期，事业发展能否成功关键要看高职院校领导干部的治理能力强不强。立足高职教育改革发展现状，深刻领会加强高职院校领导干部治理能力现代化建设的重大意义和深刻内涵，找准高职院校领导干部在治理能力上存在的差距和不足，着力通过加强党对职业教育工作的全面领导、构建现代化的治理体系、加强治理实践提升能力素质等措施推进治理能力现代化④。

魏勇等人（2020）指出职业院校治理是国家治理的组成部分，治理能力

---

① 查吉德. 高职院校内部治理结构改革要义 [J]. 河北师范大学学报（教育科学版），2019，21（1）：99-104.

② 王茂元. 高职院校治理体系与治理能力现代化建设调查研究：以包头职业技术学院为例 [J]. 包头职业技术学院学报，2021，22（1）：5-11，16.

③ 张呈宇，刘恋秋. 大数据背景下高职院校治理能力提升探索 [J]. 数字技术与应用，2021，39（2）：219-221.

④ 佟海涛. 新时代高职院校领导干部治理能力现代化研究 [J]. 淮南职业技术学院学报，2021，21（1）：122-125.

的强弱决定了新时代高职教育人才供给质量高低。基于汤因比"挑战—应战"理论模式，高职扩招100万对原有治理对象、治理理念、治理结构提出了巨大挑战，高职院校必须在新的逻辑起点上做出适应性应战，遵循主体多元性、手段现代性、空间联动性、目标一致性的治理原则，通过综合运用优化结构、创新模式、健全机制等治理手段，构建多元化、信息化、民主化的"三位一体"现代治理格局，推进治理能力现代化，保证扩招后人才培养质量①。

孙长坪（2019）认为高职院校治理能力建设的基础之维是高职院校治理体系，其建设的基本内涵包括治理使命、治理结构、治理模式及治理文化建设；高职院校治理能力建设的保障之维是高职院校治理体系的运行机制，其建设的基本内涵包括运行目标、运行原则和运行程序建设。高职院校治理体系建设和治理体系的运行机制建设二者相互依存、相互作用，共同促进高职院校治理能力的提升。高职院校应以国家相关教育法律制度为指引，从治理体系及其运行机制两个维度着手推进治理能力建设②。

张德文（2018）认为提升民办高职院校治理能力，增强民办高职院校办学实力，是新时代办好人民满意的民办高职教育的必然要求。新时代民办高职院校面临政策制度多样、教育需求多元和生源结构多变等挑战，有必要更新治理理念，从管理转向治理，平衡利益相关者关系，选择合适的组织结构，并积极推进治理方式的制度化、治理主体的多元化、治理结构的扁平化和治理考核的科学化③。

笔者基于"双一流"建设背景分析了高职院校治理能力建设的现状，近些年来，我国开始推行"双一流"发展战略，为我国高职院校的发展指明了新的发展方向，同时也对高职院校提出了更高的要求。当前我国的高职院校主要存在自主权不足、决策主体单一和权力结构混乱等问题。这些问题可以通过高职院校采取建立开放性的校企合作机制、建立动态化的内部组织体系、培养高素质的管理服务队伍和形成以人为本的工作机制以及文化氛围等措施改进④。

---

① 魏勇，雷前虎，崔莉萍. 扩招百万背景下高职院校治理能力适应性的构建［J］. 职教通讯，2020（2）：31-36.

② 孙长坪. 高职院校治理能力建设之维：治理体系+运行机制［J］. 现代教育管理，2019（12）：87-92.

③ 张德文. 新时代民办高职院校治理能力的提升路径［J］. 浙江树人大学学报（人文社会科学），2018，18（3）：21-25.

④ 王旎."双一流"建设背景下高职院校治理能力建设的现状分析［J］. 教育观察，2019，8（28）：55-56.

第三节 研究的整体思路与主要内容

一、研究的整体思路

"双一流"建设是高职院校治理能力建设的大背景，为了适应"双一流"建设对高职院校治理能力提出的新要求和新挑战，高职院校需要通过多种途径开展有针对性的治理工作，以此提升高职院校治理能力建设的质量和效率。据此，本书基于"双一流"建设这一特殊背景重点研究了高职院校治理能力提升的主要路径，首先对高职院校治理能力建设的背景、内涵、必要性等方面进行了详细阐述，然后借助案例分析法对国内高职院校治理能力建设的实践工作展开了分析，并进一步对比分析了发达国家高职院校治理模式与我国高职院校治理模式之间的区别。本书深入探索了高职院校治理能力建设存在的问题及其成因，以此为导向，构建了符合"双一流"要求的高职院校治理能力建设体系与监管体系，为高职院校治理能力的有效提升提供了有力的参考依据。

二、研究的主要内容

本书的研究内容具体包括以下几个方面：

第一章，导论。本章通过文献资料法等多种研究方法搜集与整理了国内外关于高职院校治理能力的相关研究成果，阐述了不同学者的不同态度，为本书奠定了良好的理论基础。同时，本章对本书的研究背景、研究意义、研究思路与内容以及研究方法进行了阐释，确保本书的研究具有较强的理论性。

第二章，高职院校治理能力建设的背景、内涵与必要性。首先，本章对我国高职院校治理能力建设的历程、制度、目标、要求等方面进行了详细分析，基于"双一流"建设明确了高职院校治理能力建设的新要求和新目标。然后分析了高职院校治理能力建设的基本内涵，包括多元治理内涵、权利和制度保障内涵、人才内涵、创新内涵、文化内涵、民族内涵、政治内涵，多角度、多方面展示了高职院校治理能力建设的丰富内涵。最后，探讨了高职院校治理能力建设的必要性，客观论述了"双一流"背景下高职院校治理能力建设的作用和价值。

第三章，高职院校治理能力建设的现状与问题。本章借助案例分析法对我国 7 所高职院校治理能力建设的实践工作进行了概述，从治理主体、治理制度体系、治理内部运行机制、治理监督保障机制等方面入手，分析了高职院校治理能力建设的基本情况。紧接着，本章对我国高职院校治理模式与国外发达国家高职院校治理模式进行了比较分析，围绕治理理念、治理形式、权责关系、资源分配、监管机制揭示了高职院校治理能力建设中存在的问题。根据上述研究成果，深入剖析了高职院校治理能力建设中存在问题的成因与影响因素，为高职院校治理体系的构建提供了依据。

第四章，构建符合"双一流"建设要求的高职院校治理体系。高职院校治理体系的构建主要包括三个方面，分别是宏观政策层面、院校管理层面、其他利益相关者层面。在宏观政策层面上，要厘清政府与学校的关系，落实高职院校多元化办学体制。在院校管理层面上，要健全顶层设计、紧跟产业发展动态，构建以章程为统领的管理制度体系，健全以学术委员会为核心的学术管理体系，加强以教职工代表大会为基本形式的民主管理。在其他利益相关者层面上，主要围绕政府调控、社会参与、校长治校、教授治学、学生参与、多方监督机制、企业与行业部门合作关系等方面展开论述。

第五章，推进高职院校治理能力现代化。高职院校的治理能力主要体现为具体的执行能力、贯彻能力和落实能力。科学的理念是行动的先导，要推进治理能力现代化，必须要革新观念，树立共建共治共享的现代治理理念，落实以"学生为中心"的理念。本章从提高科学决策能力、提高决策执行能力、强化考核落实三个方面论述如何全面提高决策执行能力。本章提出要充分运用现代信息技术提高治理能力，即要规范整合信息系统，为推进治理能力现代化提供基础保障；要充分利用大数据平台，为提高治理能力提供数据支撑；促进管理服务流程再造，提升治理效能。

第六章，构建基于第三方视角的高职院校治理监管体系。高职院校治理监管体系主要从监管主体、质量标准、质量监控三个方面进行论述。在监管主体层面上，高职院校要采用多元化的监管主体，明确政府在高职院校治理能力建设中的责任，并引导社会组织参与高职院校治理。在质量标准层面上，高职院校要构建高职教育质量多维度评估模式，清晰地制定高职教育质量评估标准。在质量监控层面上，政府要对第三方评估质量监控提供保障，加强高职院校治理质量监控的落实，确保高职教育质量监控体系能够顺利运行。

第七章，"双一流"建设背景下高职院校治理能力建设实践探索。本章对高职院校治理能力建设的行动进行实证研究，选取典型高职院校，研究分析其治理能力建设的实践探索。本章对现代治理视域下高职教育第三方评价的实践探索进行研究，分析实施第三方评价的背景及意义、第三方评价的实践和特点、对推进第三方评价健康有序发展提出政策建议。本章对现代治理视域下高职教育产教融合的实践探索进行研究分析，并基于现代治理理念，研判企业与职业院校双方在发展的过程中对职业教育产教融合发展的需求，分析当前职业教育产教融合发展的问题，提出职业教育产教融合发展的优化路径。

第四节　研究方法及技术路线

一、研究方法

（1）文献资料法。研究初期，笔者通过全面搜索中国知网、中国万维网、外文数据库、职业教育相关网站，查阅学校图书馆馆藏资源，搜集并整理有关高职院校治理能力的相关书籍及文献资料，充分了解并掌握已有研究课题、研究方法、研究成果等研究动态，总结研究不足和不够深入的内容，以此作为研究切入点；研究过程中，通过查阅相关文献资料归纳构建并论证本书提出的高职院校治理能力的内涵与理论框架，进一步扩展和丰富了高职院校治理能力的研究内容。

（2）案例研究法。案例研究是以一个人、一个团体或一个事件为研究对象广泛搜集各种资料，综合运用各种方法（包括质的方法和量的方法）和分析技术，对复杂情境中的现象进行深入探究的研究方法。本书以多所高职院校为案例，搜集体现高职院校治理能力的相关材料，分析现状及存在的问题，为高职院校治理能力的提升提供事实依据。

（3）比较分析法。比较分析法主要是指对相互有关联的事务进行比较分析，找出它们的联系和区别，总结归纳出各自的特点和值得学习借鉴的地方。本书对国内外高职院校治理模式进行了对比分析，从而揭示出了我国高职院校治理能力建设中存在的问题。总结典型代表高职院校治理模式的成功经验和可借鉴之处，探寻高职院校治理能力建设的发展趋势，以寻找共同规律服务于我国高职院校治理能力建设的实践，构建符合"双一流"建设要求的科学有效的治理体系及运行机制。

（4）行动研究法。行动研究法是社会科学研究领域以解决实际问题为导向的研究方法，是从实际工作需要中寻找课题，在实际工作过程中进行研究，由实际工作者与研究者共同参与，使研究成果为实际工作者理解、掌握和应用，从而达到解决问题、改变社会行为的目的的研究方法。它是一种理论与实践相结合，通过资料收集、合作探讨、自我反省、多方总结最后解决问题的方法；是一种主题明确、思路清晰的解决问题的方法。本书采取行动研究方法分析高职院校管理中的各权责主体的职能、合作机制等，在实际工作过程中进行研究，又将研究成果运用到实际工作中，以解决高职院校治理能力建设中存在的实际问题，并进行反思、总结、提炼，上升到一般理论层面，以指导解决共性问题。

（5）系统研究方法。本书在高职院校治理能力建设的具体研究过程中，遵循系统科学的研究方法，将高职院校的治理置于国家经济发展的整体宏观布局中，并将高职院校的治理体系及治理能力建设作为一个整体的科学系统，整体把握高职院校治理能力现代化构建的内在联系和规律。

二、技术路线

本书以调查研究—发现问题—提出方案—解决问题入手，立足"双一流"建设及湖南省创新驱动发展战略对高职院校的新要求，探索发现高职院校治理能力建设中存在的问题，坚持理论构建与实践相结合，案例分析与模式建构相结合，综合运用行动研究法、案例分析法等多种研究方法，提出构建符合新形势要求的高职院校治理体系，通过个案验证其合理性和有效性，并不断完善理论，从而达到预期研究成果，形成科学合理的高职院校治理能力建设整体推进机制，助推现代职业教育内涵提升，推进"双一流"建设及湖南省创新驱动发展战略。

第二章 高职院校治理能力建设的
背景、内涵及必要性

高职院校治理能力建设立足于当前我国经济社会发展的新起点，对照"双一流"建设新要求，深刻把握"引领改革、支撑发展、中国特色、世界水平"的高质量发展目标，科学研判高职院校未来发展形势，使高职院校能够更好地服务于国家的重大战略，让高职院校在新时代背景下发挥出它应有的价值。当前高职院校治理能力建设要以发展和传承为基础，使高职院校在教育事业的宏伟布局下，进一步确立其治理能力建设的根本目标，在治理体系建设和治理能力方面得到提高和发展。治理能力是进一步落实当前我国对于教育事业发展的规划和进一步完成"十四五"规划目标的重要途径①。高职院校治理能力建设过程当中，应当以交流、互动的方式来充实治理能力建设的内涵。各高职院校应通过学习先进的"双一流"建设模式，吸取治理能力建设成绩突出的高职院校的经验，结合实际来开展自身的治理能力建设工作。因此，高职院校治理能力建设要整合当前教育的优势资源，通过治理能力的建设来助推教育质量提升。

第一节 "双一流"建设与治理能力建设

随着新时代的到来，"双一流"建设已经成为当前教育领域建设中重要的一部分，"双一流"建设对高职院校治理能力建设提出了新要求，有着重要的推动作用。当前这个时代正经历着前所未有的大变局，变局是对规模制度的一

---

① 佟海涛. 新时代高职院校领导干部治理能力现代化研究［J］. 淮南职业技术学院学报，2021，21（1）：122-125.

种变革。所以，如何进行高职院校治理能力建设，加快推进"双一流"建设就成为新时代教育的重要任务。

一、我国高职院校治理能力建设历程

自新中国成立以来，我国经历着巨大的历史变革，对高等教育办学的影响也十分深刻。我国的高等教育办学体制逐步从过去单一的"国有公办"转向多元化办学，这种变革一直在发生，持续在深化。它的不断演进使得我国高校对于建成结构合理、系统完备、科学规范的治理体系的要求已经达到一个新的高度。随着全球化的影响，各城市之间、国家之间的关系日益密切，教育的国际化、区域化也日益加深，这给予了我国高等院校治理能力建设源源不断的动力。在这个时间段内，我国先后启动了两大工程，即"211工程"和"985工程"，通过这样的方式来打造出一批典型的高等学校学科建设项目，在一定程度上使我国高等学校的教学水平及建设水平得到了大幅度提高，进一步推动了我国世界一流大学的建设进程。"211工程"和"985工程"项目在改革开放之后为我国现代化建设提供了大量的人才，在一定程度上取得了令人瞩目的成就。

随着建设的不断深入，对于其中的一些问题，当前的教育界也逐渐重视起来。其中较为严重的问题是建设交叉重复等导致当前的教育资源在一定程度上造成了浪费，竞争的缺失也导致当前教育的发展活力枯竭。为提升中国高等教育的综合实力和国际竞争力，党中央和国务院于2017年出台了《统筹推进世界一流大学和一流学科建设总体方案》①，开启了我国高职院校建设的新征程。通过深化教育改革，进一步整合教育资源激活当前的教育发展活力，推动新时代中国高职院校迈向新台阶，实现新发展，高职院校治理能力建设势在必行。

《2019年全国教育事业发展统计公报》显示，目前我国的高职院校共有1 423所，地方的高职院校占比达到96%，因此地方高职院校是当前我国高职教育领域的主力军。所以，"双一流"建设一定是要围绕地方高职院校来进行，推动地方高职院校建设也是地方高职院校未来发展的重点内容。高职院校建设主要围绕不同层次、不同高度、不同类型、不同地域的地方高职院校进行，在高职院校建设过程当中，进一步结合实际来发挥高职院校自身的优势及特色，打破当前高职院校的身份标签化和原有的固定模式困局，使地方高职院

---

① 2019年4月，出台《关于实施中国特色高水平高职学校和专业建设计划的意见》。

校在建设过程中能够迸发出争创一流的活力和动力，让高职院校在建设过程当中能够结合特色办出人民满意的教育。

当前，我国地方高职院校在发展过程当中有着明显的同质化缺点，而这一缺点使其与中央直属的高职院校相比，资源吸引和整合能力差距较大。如何给予地方高职院校发展机会，首先需要对地方高职院校的办学定位和办学特色进行明确要求①。推动"双一流"建设，可以让地方高职院校在制度变迁过程当中将所有的制度要素科学合理地进行安排组合；让当前的教育改革者在实践过程当中明确改革要素，通过制度的相互影响来开创"双一流"建设下新的作用机制。从实践研究来看，当前"双一流"建设的主要理论范围和研究思路只是围绕如何在研究过程当中通过孤立分化的方式对某一种机制给予解析。所以教育改革者如何推动"双一流"建设，首先要做的就是以多重制度逻辑为基础，进一步分析当下的教育框架，让改革的诸多制度与要素能够与高职院校结合，进一步以审视的目光来看待"双一流"建设当中的工作目标和困境挑战，让"双一流"建设在新时代背景下为推动地方高职院校发展及地方高职院校治理能力提升赋予新的价值和意义。

二、制度理论与高职院校治理能力建设

"双一流"建设对于高职院校治理能力提升有着关键性的促进作用，它如何提升高职院校治理能力？"双一流"建设给出的可行性路径是通过进一步对多重制度逻辑进行分析，打造出新的治理建设的框架，以此来开展治理能力建设的提升方法和革新角度研究，让高职院校在实际的管理过程当中能够依靠制度本身来提升治理能力。对早期的新制度主义进行研究可以发现，当前社会环境正向复杂多元的方向发展。所以，高职院校治理能力建设的理论框架应当围绕组织类型，以具体的行为约束力来开展治理能力建设工作②。以学生管理为例，治理能力建设不单单是提高管理学生的学习效率，更是促使学生在校园内养成良好的行为，并通过参与组织学习工作的方式来提高其社会能力，而这种社会能力提升一定要是在合法的基础上开展。当前，社会大众对于高职院校治理能力工作没有真正重视，所重视的只是高职院校如何提升学生的学习成绩以及实际工作能力，而治理能力的提升，对于以上两者有着关键性的作用，所以

---

① 王虹. 高职院校治理结构改革研究 [M]. 南京：南京大学出版社，2016.

② 李洁. 我国公办高职院校内部治理内涵、问题及路径探析 [J]. 江西电力职业技术学院学报，2021，34（1）：60-62.

"双一流"建设对于高职院校治理能力建设指出了发展方向和建设方向。但是，从当前社会大众对于高职院校的期望来看，高职院校应当积极围绕当下社会日益突出的多元化现象来开展治理能力建设。所以，高职院校治理能力建设一定要围绕治理制度来开展，而治理制度在制度逻辑方面一定要发挥其多元性和复杂性，根据这类背景来开展治理能力建设工作。

通过对制度的研究可以了解到，制度本身是对人们行为方式的一种约束，这种约束力给人们提供了规则、信念及文化的内容输出。因此作为校园的管理者，应当根据不同的制度逻辑来开展不同的治理能力革新。治理能力革新一定要符合新时代校园的要求及社会的实际，只有这样才能适应当下这个时代的制度和规则。通过进一步的研究可以了解到，治理能力建设对于制度本身的丰富是极为关键的。可是，当前随着"双一流"建设工作任务的落实，高职院校治理能力建设已经从最初的摸索阶段逐渐走向成熟，而研究的思路也已经不单单是对某一机制的单独研究，而是通过综合评估的方式来开展新制度的研究，因此治理工作要围绕制度来开展，而制度的制定将影响高职院校治理能力建设改革的成果。打造更好的治理制度一定要通过多重制度逻辑分析来开展，这也可以在地方高职院校治理能力建设过程当中避免治理困境的产生①。从治理能力建设的总体布局来看，高职院校应当积极依靠制度逻辑理论，通过强化校园制度与当前社会制度结合的方式来打造治理制度，这种制度对于进一步塑造校园组织、教师及学生的行为是至关重要的。

三、从教育实际出发推动高职院校治理能力建设目标实现

当前，我国高职院校的治理问题主要存在于教育管理方面。高职院校的教育管理普遍采用的是一种自上到下的管理模式，是一种单向的科层制直线式结构管理模式。近年来，随着高职教育的快速发展，高职院校在人才培养、社会服务中所承担的责任越来越大，管理者承担的职责也日益增大。管理者与学生距离渐远，有效沟通减少。管理者往往以简单的行政命令形式将指令层层传达给学生，学生的诉求和反馈信息很难及时传达到管理者，学生参与管理不足，致使教育管理效率难以提升。

高职院校的学生，其实就是管理的客体，而如何提升教育管理，就应当加强教育教学理念的深入推进。过于注重管理主体而忽视学生，只是一种单调的

---

① 薛荣丽. 提升高职院校领导班子治理能力的路径［J］. 科教导刊，2021（3）：19-20.

管理方式，而这种通过教育管理人员的管理方式，其实在一定程度上打压了学生参与教育管理和校园管理的积极性。因此，忽略被管理主体的实际意愿，无法完善高职院校治理体系。这也就导致在很多时候高职院校的治理能力看似提升，实际却在处理日常工作过程时遇到更多的问题和困局，在一定程度也会使校园中的各项管理工作难以有效地进行下去①。而学生参与度不高，其实跟教师的交流能力较低有关。通过调查，当前我国高职院校并没有营造出较好的师生之间的沟通环境，而这种沟通环境对于加强师生之间的交流沟通有极大的帮助。虽然很多学校设立了意见箱，但学生并不会通过写信的方式与学校管理层及老师进行沟通。随着信息时代的到来，想要提升高职院校治理能力，就应当积极结合当下的实际来开展这类工作，将原有那些通过意见箱交流的形式化工作方式摒除，建立更好的电子平台，在校园中营造出更好的师生交流环境，让学生通过信息化的方式来增强与校园管理层和教师之间的交流。这对于进一步减少校园矛盾、加强校园治理有着极大的帮助。除此之外，还应当强化学生个性化发展，让教师和校园的管理层有目的地开展治理能力建设工作，而这种目的一定是要创建更好的校园环境，为使学生在校园当中获得持续发展的机遇而开展治理工作。所以不能过于强调社会本位，而要去尊重学生的想法和意见，让学生能够在校园当中尝试着以各种个性化的方式来提升自己的能力。让学生能够不断革新自己的世界观、人生观、价值观，这样才能够实现教育目标，提升治理能力。

四、"双一流"建设标准对高职院校治理能力建设方向的把控

"双一流"建设给予了地方高职院校发展的方向和目标，让高职院校在今后的发展过程当中可以得到更健康更良好的发展机遇。近年来为了大力支持高职院校发展，国家已经将地方高职院校的发展纳入国家规划，制定了相关的教育发展文件，这在一定程度上给予了高职院校提升治理能力的制度保障。强有力的制度保障对推动高职院校治理能力建设有着关键性的帮助。高职院校治理能力建设不应当偏离社会主义办学方向，要以此为保障来开展治理能力建设工作。所以，作为地方高职院校，应当大力倡导"双一流"大学建设标准，以此来开展治理建设。只有按照这个标准来开展工作，才不会偏离发展方向，才能够真正培养出适应国家、社会发展的人才，才能够建造出"双一流"型的

---

① 刘永林. 我国公办高等学校法人治理结构研究 [M]. 北京：中国政法大学出版社，2015.

高职院校①。所以今后地方高职院校在发展过程当中，提升治理能力一定要围绕这个标准来开展。所有的制度制定一定要规范标准，这样才能建立起更好的治理能力体系，才会在日常工作当中为校园管理层及教师提供有章可循、有据可依的管理标准和管理方式，才能够在"双一流"建设过程中探索出地方高职院校发展的方向，才能够避免在发展过程当中出现零碎化的现象，这对新时代高职院校的办学定位、办学理念及办学目标提出了明确的要求。

第二节 "双一流"建设对高职院校治理能力建设提出的新要求

随着"双一流"建设进入常态化，当前我国高职院校为加强治理能力建设，进一步拓展了工作内容，丰富了工作方法。"双一流"建设的提出，本身对于高职院校当前的治理能力有了新的要求，对推动高职院校自身治理能力提升也有方向引导作用。所以，加强"双一流"建设，在一定程度上推进了高职院校治理能力建设上新台阶，符合科学合理的规划要求。按照"双一流"建设的要求来开展高职院校治理能力建设工作，对当前推动我国高职院校创新发展有着重要的意义。新时代的高职院校建设对教师、学生都有着新的要求，教师和学生是推动治理能力建设的主体，要进一步提升教师与学生的社会责任感，让学生和教师在实际工作、生活、学习当中进一步把握中国的大政方针，了解当前的中国特色社会主义制度、经济发展需求，从而在将来的社会工作当中发挥自己的作用，使高职院校建设能够达到预期目标，使中国的高职院校在国际上的影响力得到提高。

一、"双一流"建设对高职院校治理能力建设提出了明确要求

"双一流"建设首先要遵从政策。只有掌握好政策才能够明确高职院校的发展方向，提升高职院校治理能力，从而推进高职院校的治理体系建设，才能够进一步使地方高职院校在建设过程当中真正实现产教融合的目标。此外，为了推进高职院校向一流学校发展，应当加强专业建设，专业建设与治理能力建

---

① 刘小花. 高职院校治理能力的现状与提升路径研究［D］. 天津：天津职业技术师范大学，2019.

设相辅相成，缺一不可。只有提升了专业方面的治理能力才能够提升学校的培养能力，使学生在校园中，更快速有效地接受知识，使学生的业务能力得到进一步提升，知识领域得到进一步的丰富①。只有这样，高职院校才能为国家、为区域经济发展培养出更多的高端技术技能型人才，以满足新时代对于高职院校治理能力建设的要求，才能够满足当前的社会产业需求，这对于推进我国高职教育发展有着极关键的作用。

从党的十九大报告当中，我们可以了解到当前国家对于"双一流"建设新的指向。新时代高职院校管理层应当把握建设内容，按照上级的指示要求，进一步研究政策精神，通过以点带面的方式坚持中国特色社会主义道路，贯彻党的教育方针，坚持正确的办学方向。高职院校治理能力建设的核心一定不能偏离社会价值，社会价值是党的十九大报告当中指出的关键要素，解决矛盾是为了满足社会需求②。党的十九大指出，"中国特色社会主义进入新时代，我国社会主要矛盾已经转化为人民日益增长的美好生活需要和不平衡不充分的发展之间的矛盾"，人民对于美好生活的向往，已经不单单是对物质文化的向往，而是对"更好的教育、更稳定的工作、更满意的收入、更可靠的社会保障"等有了更多的追求。因此，要进一步提升高职院校的治理能力建设，办人民满意的高等职业教育，满足社会大众的追求。

当前高职院校治理能力建设要充分发挥精神方面的引导作用，如此才能够进一步使物质文化、精神文化在当前的社会当中平衡发展，使学生能够树立起更好的职业观，让学生在今后的学习当中，目标更加明确。

物质文化并不能代表社会的所有文化，社会的进步使人们拥有更多的选择，人们的选择就代表着时代的选择。因此，对于美好生活的向往，不单体现在社会层面，更要体现在校园中，校园离不开人们对于教育质量提升的期望。尊重大众的想法，开展治理能力建设就是满足"双一流"建设的要求，这才能够让学生、教师更有幸福感和安全感，只有这样才会让学生在今后的学习工作生活中拥有获得感。只有坚持将"三感"作为高职院校治理能力建设的内容，才能够做好当前的治理能力建设工作。而高职院校治理能力建设工作也要通过上述"三感"来进行评定，评定能真实反映当前校园内部学生与教师的

---

① 隋姗姗. 我国民办高职院校治理现代化的多重路径 [J]. 高等职业教育探索，2021，20 (1)：16-21.

② 郑新瑜，谭贻群. 地方高职院校提升现代化治理能力研究 [J]. 文化产业，2021 (1)：139-140.

心理需求，符合学生的精神发展规律，让学生在学习当中得到重视，让老师在教学过程当中提高自身的积极性，使学生真切地感受到新时代下高职院校治理能力建设发生的变化，让学生感觉到地方高职院校在未来的发展前景①。所以，面向社会进行精神文明建设和物质文明建设，不单单是口中的一句话，更需要落实到实际行动中来，让学生在学习过程当中能够找到属于适合自己的社会角色，这能提升学生工作能力，让学生有更多的发展机遇。

二、以发展为前提的高职院校治理能力建设

"双一流"建设不只是推动高职院校治理能力建设，更要推动高职院校自身发展。当前，人们希望通过上学来改变人生，但是教育的根本并不是学生在学校当中一味地接受知识，而是通过知识辅助约束自身、提高素质，这才是最终推动高职院校治理能力建设、高职院校教育发展的根本，才能够使高职院校的教育资源获得有效利用。因此，高职院校并不是失败者和懦弱者躲避的收容所，而是培育出更多优秀人才的摇篮，是培养各行各业技术技能人才的基地和培养社会主义事业建设者和接班人的坚持阵地。

当前，我国对高职院校治理能力建设已经提出了明确的要求，"双一流"建设进一步推进这一要求落到实处。当前，我国的高职院校在治理方面并没有形成完善、科学的体系，并未达到治理现代化的目标，所以完善高职院校的治理体系也是进一步完善国家治理体系的重要部分。为了提升高职院校的治理能力，完善高职院校的治理体系，国家对其在政策、资本等各方面给予了大力支持，推动治理能力现代化是高职院校治理能力提升的重要任务。新时代的高职院校应当积极推进现代化治理体系发展，使治理体系更具内涵，提升自身的综合竞争力，使自身的内在需求被满足。高职院校在发展中应当审时度势，塑造和培养一批新时代的管理人才，让他们乘势而上，不断对其进行理念、制度、能力、方法等方面的培训，使这批管理人才在管理中能够对原有的体系革故鼎新，推动大学治理体系得到完善，推动治理能力提升，使高职院校发展更加科学，在时代的潮流下能够顺流而为，使学校在"双一流"建设的道路上的脚步更加铿锵有力。

---

① 孙建. 高职院校内部治理体系现代化：内涵、使命、举措［J］. 黑龙江教育（理论与实践），2021（1）：38-40.

三、将国家目标作为高职院校的建设目标

国家对于高职院校治理能力提升有着明确的指示，也给予了高度的重视。党的十九届四中全会做出了坚持和完善中国特色社会主义制度，推进国家治理体系和治理能力现代化若干重大问题的决定，将实现国家治理能力现代化提到了一个新的高度，也为高职教育的发展指明了方向，提供了新的机遇和挑战。从党和国家事业的角度来看待高职院校治理能力提升问题，当前我国如何去巩固和坚持高职院校发展平衡化、完善什么和发展什么的问题，这不单是国家的问题，更是当前高职院校在转型过程当中的一个重要问题。高职院校的治理体系和治理能力建设，就应当落实国家的任务，将国家的现代化目标传输到管理层和被管理人员的脑海当中，使其成为高职院校发展中的核心意识。如此才能够使高职院校的治理能力现代化，才能够使中国的高职院校在新时代进一步向前发展，迸发出新的生机与活力。

四、高职院校治理能力建设要坚持中国共产党的领导

中国共产党是社会主义各项事业的领导核心。党的领导是高职院校始终沿着正确的社会主义办学方向发展的根本保障。因此，构建高职院校治理体系，提升高职院校治理能力，应当加强党的核心领导力，让党成为领导高职院校治理体系发展过程当中的一面旗帜[1]。高职院校在实际发展过程当中要始终坚持中国共产党的领导，落实"培养什么人""怎样培养人""为谁培养人"这一社会主义办学基本问题。积极融入党的理论知识和精神要求，紧紧围绕立德树人的根本任务来开展治理能力提升工作，让教育规律科学化和人才成长规律有效化成为高职院校治理能力提升的核心[2]。坚持中国共产党的领导，在党的统一领导下完善高职院校治理能力和治理体系建设，将原有的丰富经验和取得的重大成果进一步推动到更广的领域，让全国各高职院校在不断交流的过程当中，共同发展、共同进步；使高职院校内部更加稳定，让不同领域、不同地域的高职院校能够进一步团结；使当前的高职院校学生能够进一步重塑自身精神世界、重塑民族自信；使学生们在校园治理下能树立起为民族复兴而奋斗终生

---

① 张琼，石长林. 高职院校多主体参与治理的模式、困境及路径分析 [J]. 黑龙江高教研究，2021，39（01）：109-114.

② 王国庆. 教育信息化 2.0 时代高职院校内部治理能力提升的现实路径 [J]. 南京广播电视大学学报，2020（04）：37-42.

的伟大目标。

五、"双一流"建设要求高职院校治理能力升级

自改革开放以来，我国不断推动高职院校的体制转型，使高职院校适应经济体制发展要求，使高职院校更好地与社会、市场对接，满足行业产业及地方经济发展需要，在高职院校教育体制改革中取得了较好的成果。

高职院校治理体系建设包含的领域很广，包括高职院校教育管理体制、办学体制、投资体制、就业制度等，不仅涉及政府和学校，还涉及行业企业、资本、民众等。推动高职院校治理体系建设就是进一步扩大高职院校办学自主权，进一步理顺学校与政府、学校与社会的关系，建立起在国家的宏观调控政策指导下，面向社会、自主办学、管理民主科学、社会广泛参与的现代大学制度。"双一流"建设要求高职院校把握治理体系和治理能力现代化的基本点，破除一切固化陈旧、不适应新时代发展要求的管理理念，进一步解决体制机制中存在的障碍和弊端，对治理结构、管理体制及运行机制进行全面的革新和完善，让现代大学制度在不断改革中实现治理升级。

六、全面开展高职院校治理能力建设

以大学章程建设为统领，深化高职院校的内部治理结构改革，全面开展治理能力建设。章程是高职院校的"宪章"，是推进高职院校依法治校的"根本大法"。其上承国家法律法规，下启学校规章制度，是规范高职院校内部秩序，及其与政府、社会关系的准则，也是大学治理结构的基础①。"双一流"建设要发挥大学章程的作用，在推进依法治校的过程中，以章程为核心进一步完善各项规章制度，理顺内部治理结构体系，健全各项管理体制和运行机制。使高职院校的治理体系不断健全和完善，促进各项权利与机制更加平衡，让高职院校在不断发展的过程当中能够规范地行使自身的权力，能够规划好未来的发展格局，让学生在更好的育人环境当中学习成长，提升自身的能力，也可以吸引更多的学生毕业后进入高职院校工作。

高职院校在"双一流"建设过程中要遵循两个目标，即为党育人、为国育才。高职院校在办学过程中应进一步提升担当精神，承担起为国家培育人才

---

① 顾旭东. 以大学章程建设为统领 深化内部治理结构改革. [EB/OL]. (2016-3-10). https：//gjs. xxu. edu. cn/info/1042 /1017. htm

的责任①。高职院校要善于动脑筋找突破，紧跟国家及社会发展需要，寻找适合高职院校发展的策略，从而突破人才培养的瓶颈。青年学生是一个国家发展的基石，也是社会主义事业的接班人，培养好学生就是为国家未来发展打好坚实的基础。高职院校作为我国的高等学府，具有良好的师资力量和软硬件设施，如何有效利用好这些资源，为党和国家的事业发展输送优秀人才，就是新时代高职院校要思考的重要问题。高职院校的办学要将立德树人落到实处，树立以学生为主体的思想，尊重学生、相信学生，以培养服务学生为核心，使学生不断获得发展机遇，得到更多科学的指导，有更多机会参与到学校的各项管理和实践活动中，通过参与这些活动提升社会服务能力，为学生的可持续发展打下良好基础。

第三节　高职院校治理能力建设的内涵

治理能力现代化是党的十八届三中全会提出的我国深化改革的总目标，主要是指以国家治理体系为依托，借助制度、机制、政策、技术等因素，促使国家多元治理能力保持协调进步、务实高效的一种趋向与动态过程。高职院校治理能力现代化则是指高职院校治理体系和治理能力适应现代社会发展要求的进化过程，具体是指以高职院校治理体系为依托，借助制度、机制、政策、技术等因素，促使高职院校多元治理能力保持协调进步、务实高效的一种趋向与动态过程。高职院校治理能力的现代化表现为治理主体的多元化、治理制度的体系化、治理方式的民主化、治理手段的统筹化以及治理环境的协同化。高职院校在推动治理能力建设的过程当中要遵循时代规律，顺应时代的潮流来开展。高职院校应当随社会变化而不断转换、革新治理理念，提升治理能力。高职院校管理与治理的区别如表 2-1 所示。

---

　　① 孙华，何承艾. 高职院校内部治理体系建设与治理能力现代化研究 [J]. 产业科技创新，2020，2（35）：112-113.

表 2-1 高职院校管理与治理的区别

	高职院校管理	高职院校治理
主体	政府单一主体	政府、学校、行业、企业、社会组织、教师、家长及学生等利益相关者多元参与
模式	自上而下的垂直管理	自上而下与自下而上结合的扁平化管理
方式	行政命令、行政管控	依法治理，借助制度、机制、政策、技术等因素，促使高职院校多元治理能力保持协调进步、务实高效、动态调整
内容	单向度、内容简单单薄	体系化、内涵丰富、灵活协调、包容性强、和谐有序

一、高职院校治理主体的多元化

高职院校从过去的管理转变为适应新时代新形势发展需要的治理，首先就要并推进高职院校治理主体的多元化，由过去"全能政府"的单一主体转变为政府、学校、行业、企业、社会组织、教师、家长及学生等利益相关者多元参与、协同治理。过去，政府常常通过高度集权的自上而下的方式，简单依靠行政命令和行政手段对高职院校实施管理，高职院校办学自主权不足，与经济、社会、行业企业等联系不够紧密，这制约了高职院校的健康有序发展。且高职院校（尤其是由政府主办的公办高职院校）的内部管理大多参照政府行政管理的模式，在学校内部建立起一整套参照政府机关设置的行政管理机构，学校领导及各行政管理机构管理者在学校的管理、决策中占绝对的主导地位，其他利益相关者话语权十分有限，导致高职院校的发展与新时代经济的转型升级及高质量发展需求脱节，使高职院校处于行业企业认可度不高、对家长学生吸引力不强、社会吸引力不强的尴尬境地。

治理本身包含管理、统治、修整和处理的意思。因此，在治理过程当中，应当因势利导地开展治理能力建设，通过政府、学校、行业、企业、社会组织、教师、家长及学生等利益相关者多元参与、多方共赢的方式来使治理能力得到提升。学校与政府、行业、企业、教师、家长及学生等利益相关者通过加强合作，推进互利共赢，保障各高职院校人才培养质量的稳步提升，为行业企业的发展助力，从而使得学生及家长更为获益，更加认同高职教育，因而形成良性循环，助力高职院校的健康有序可持续协调发展。例如，在高职院校治理能力建设过程当中，应当积极协调师生之间的利益，切实保障师生双方在高职院校的学习生活中各项利益平衡。赋予学生与教师多项权利，保障学生与教师在校园中的关系更加平等。所以治理不只是治理某个人或某个机构、某个部门、某个专业，而是通过对各方利益诉求进行调查研究，以创新的思维和系统科学的方法，提高现代治理能力及水平，有效满足各方诉求，并反馈给各方，提高各方满意度、获得感的一种公共管理活动。故此，在开展高职院校治理能力建设工作时，首先就是要树立现代治理理念，推进治理主体的多元协同。

二、权利和制度保障是高职院校治理能力建设的核心

开展高职院校的治理工作，要建立健全科学完善的制度体系，以制度建设为抓手加强和创新学校治理。要科学划分各利益主体的权、责、利，规范权责边界，建立权责明晰的高职院校外部治理体系及科学民主的内部治理体系。以明确的制度规范各利益主体的行为，指导各部门及师生的行动。科学的决策机制、高效的执行机制、完善的监督机制都是有效推进高职院校治理体系和治理能力现代化不可或缺的保障。

推进高职院校治理能力建设，还应当遵从民主的原则。发扬民主能够更大范围调动及发挥各利益主体的主观能动性和积极性，是高职院校的治理形成合理。除此之外，加强民主，也是推动学术自由、大学自治的一种方式，而学术自由、大学自治是现代大学制度的根本所在。我国高职院校应当积极借鉴和引进外国的先进方式和院校经验，结合本土优势和特点来开展该项工作，研究和制定能够进一步使治理能力建设更卓有成效的方法。

通过实际的研究可以看到，当前我国的高职院校相对于普通高校来说在一定程度上是较为落后的，但是近些年国家对职业教育的高度重视和"双一流"（"双高"计划）建设的实施，为高职院校的发展指明了方向。国家近年来在政策、资金方面均给予了大量的支持，这无疑保障了高职院校治理能力建设工作的顺利进行。

三、高职院校的人才培养应然走向

在过去很长一段时间内，我国的高职院校并没有正确认识自身的办学定位和办学价值，在的人才培养过程当中有很大的缺陷，主要体现在教育教学方面，学生在学习的过程当中，只是简单地学习理论知识，并没有将理论知识结合实践，这种轻实践重教学的方式在过去一段时间大大地影响了高职院校的教育质量，所以想要保障高职院校治理能力提升，就应当为高职院校治理工作注入新的活力。当前，我国高职院校工作的重心应当是以服务社会为主，这也是高职院校今后的发展目标。因此，要推动高职院校革新自身的办学理念和办学方式，让学生在学习的过程当中能够更加职业化，为培养出知识型、技能型、专门型的人才打下坚实的基础①。学校在学生学习过程当中，不应当以单元性的学习来主导学生的技能积累和知识积累，应当以多元的能够得到方式提升学生各方面的能力，使学生能够得到综合发展。推动高职院校治理能力建设，首先要做的就是立足"立德树人"根本，促进学生的多元化发展，让学生能够树立正确的世界观、人生观、价值观；在专业知识学习的过程当中，增强实践动手能力，培养高尚的道德情操、正确的劳动价值观，提高职业素养，增强可持续发展的能力，并在实践过程当中体现出学生的自我价值，让学生最大程度展现能力，发挥潜能。

自改革开放以来，我国经过了40余年的经济高速发展，在这当中不断涌现出各式各样的行业，行业当中也涌现出许许多多的人才，这些人才在工作当中用自己的汗水和智慧创造了社会价值，经济也因此得到腾飞。当前，为实现中国梦，一定要加强对教育的管理。一个国家的教育决定了一个国家的自信心，而治理能力就是通过一种手段来增强教育的实际影响力。因此，在我国想要培养出一批更加优秀的职业人才，一定要加强高职院校的内部治理工作。高职院校内部治理工作不单单要在制度上创新，还要在形式上创新。进入21世纪，世界不断地发生变化，从固定互联网逐渐转变为移动互联网，从实体产业转变为新兴科技产业。当前对于人才的培养已经不单单是采用过去的机器式工人培养模式，而是应当培养人才自身的创造性，让人才能够运用自己的创新思维来开展工作，而这样才会为新时代的中国创造出更多的社会价值，才会让更多的人享受到新时代所带来的幸福感。人们总是需要通过这样或那样的方式来展示自己独特的个性，而高职院校也应有自己的风格。一所优秀的高职院校一定要积极去寻找如何增强校园魅力，增强课堂感召力，让学生能够有更多的收获，这样才可以让学生自身的能力和水平得到提高，才会使"双一流"建设的最终目标得以实现。

四、高职院校治理能力的创新

创新是当前高职院校工作内涵的核心之一，创新是为学校及师生带来新发

---

① 张良，冯莉莉. 高职院校内部治理转型的动因、逻辑与路径［J］. 当代职业教育，2020（6）：20-26.

展的一个重要理念。所以应当创新管理体制机制，激发高职院校办学中各利益相关者的活力及动力，协同推进高职院校治理能力现代化。并由此推进师生创新理念的培养，激发教师和学生在学习工作中的动力和兴趣，助力推进学校的可持续发展。学生的创新来源于教育教学当中的创新，教育教学的教授主体是教师，所以要发挥教师的积极性和主动性，在教书育人的过程当中不断加强自我学习，增强教师自身的创造性，从而引导学生以创造性的思维来进行学习中，不断提高创新能力。

当前，在全球经济一体化及国际竞争加剧的背景下，在实现中华民族伟大复兴的强国新征程中，高职院校应当立足新时代的新需求新变化，加强使命感和责任感，增强忧患意识，以创新引领发展，以创新带动增绩增效，以创新推进高等职业教育的健康快速可持续发展。

五、高职院校治理能力中的文化建设

在"双一流"建设的大背景下，高职院校想要进一步找寻未来发展的出路，就应当努力营造适合自身的教育氛围，教育氛围主要体现为校园文化，校园文化包含物质文化、行为文化、精神文化，这些文化通过潜移默化的方式来熏陶学生，用正确的价值观引导学生的发展，让学生能够在优秀典型和榜样的带领下去学习。因此，高职院校所发展的校园文化不单单体现为墙上的那些文字图画，更应该体现为以老师、学生为主体的班风、校风、学风。只有这样才能够进一步营造出良好的学习氛围，让学生能够在学习中不断受到校园文化的感染，产生源源不断的学习动力①。校园文化一定要以学生为本，通过依法治校的理念来开展、管理。民主、公平、正义、和谐、发展等是当前我国"双一流"建设给予高职院校治理体系建设的内涵要求，所以想要培养优秀人才，就应当加强和提升校园文化自身的魅力。

六、高职院校治理能力的政治内涵

高职院校内部治理工作离不开党对教育的领导。党的理论在高职院校工作中要发挥它应有的作用。老师和学生不仅要自觉地去学习这些理论，还要在这些理论的基础上展开思考，通过发散思维的形式去创新教育内容和学习方法。

---

① 郑传东，王友明. 治理视域下高职院校巡察工作规范化建设研究：以江苏高职院校为例［J］. 无锡职业技术学院学报，2020，19（6）：79-83.

这其中最关键的就是坚持，让学生懂得坚持，一直保持那颗奋斗的初心，让初心能够成为学生人生道路上的指路明灯。新时代的到来，高职院校要培养学生的担当精神，引导学生思考如何去建设好社会主义事业，如何为人民创造出更多的价值，如何为自己负责，为国家负责，为人民负责，为实现中华民族的伟大复兴贡献力量。

教育是国之大计。教育与管理相辅相成，只有做好了治理工作，才能有效提高人才培养质量，为社会主义培养建设者和接班人。

第四节　高职院校治理能力建设的必要性

改革开放以来，我国经济蓬勃发展，跃升为世界第二大经济体，综合实力稳步提升。社会对于技术技能型人才有了大量的需求，而国家为了适应这种需求，也大力增加高职院校的数量。但问题是在过去一段时间内，我国的高职院校所培养出的人才很难满足社会发展的需求，尤其是新时代的到来，对于人才本身的要求更高，这也使得我国当前的教育与产业发生了错位，这类问题随着时间的推移逐渐严重，要解决此类问题就离不开高职院校的内部治理能力建设。

一、改变高职院校治理主体单一的必要性

改革开放之前，我国采用的是计划经济，而这种计划经济是由政府管控的一种管理模式，这种管理模式随着后来的市场经济的发展被逐渐打破，国家治理体系建设与高职院校治理体系密切相关。高职院校是培养高素质技术技能型人才的主阵地，积极推进高职院校治理体系和治理能力现代化建设，对于实现现代化强国目标具有重要意义。从管理转向治理，这是当前高职院校深化改革的一个重要方向。传统的管理者只是在政府的主导下开展高职院校的管理工作，并没有注意到市场经济下社会的实际需求。因此，当前应当积极改变高职院校治理能力建设过程当中的单一主体性问题，加强对多元利益主体的引导，使其成为治理主体[①]。此外，高职院校要积极与社会上的企业联合，才能够获

---

① 李莹. 高职院校内部治理的现实考察与治理路径优化 [J]. 职教论坛，2020，36（11）：146-151.

得更好的实训场地、技术与资金支持，才能培养出行业企业所需要的人才，进一步满足社会需求。

提升高职院校治理能力要确定治理的组成部分，而治理一定要围绕产教融合、校企合作，这样对于丰富高职院校治理特色有极大的帮助。政府要从原有的办学者逐渐转为与企业合作的共赢者，从而在社会关系当中发挥出积极作用。高职院校不单单要对外部进行治理，还要对内部进行治理，治理不单单是要影响和改变学校内部的治理权力划分，更是要构建学校与行业企业的利益共同体，让企业和高校相互影响、相互作用。

高职院校与企业都应当成为治理的主体，高职院校应当通过与社会合作的方式，让企业进入学校共同探索新的育人模式，这样对于高职院校招生和学生就业更有利。两方共同制订人才培养方案，并结合实际来组建新的师资队伍，让企业与学校内部的资源共享，使人才培养计划能够高质量完成，让治理成绩能够得到社会大众的认可①。所以，想要提升高职院校的治理能力，就应当让企业更多地参与高职教育的办学，在高职院校治理过程发挥更加重要的作用，这也是当前我国高职院校提升治理能力的必然趋势。

二、丰富高职院校办学特色的必要性

高职院校治理能力建设要围绕专业建设来开展，打造专业特色是当前打造学校特色的根本所在，专业特色一定要与社会发展结合，从长远出发来开展专业建设的自我革新。只有满足了社会的需求，才能够培养出更多适应时代发展的人才，才能够满足当下人民群众对美好生活的向往。专业建设本身是具有包容性的，它不是单一性的，高职院校每年应当积极到各企业进行实地调研，了解当下行业企业的新动向新趋势，从而找寻出学生就业的方向，在培养人才过程中找准、校正自己的专业定位、发展方向。以就业为导向，培养各行各业的能工巧匠、高素质的劳动者和技术技能型人才，为社会主义现代化建设服务。

加强专业建设不仅要对标新的行业和新兴的产业，更要提高教师队伍自身的水平，教师是专业建设的灵魂，保证不了教师队伍的水平就无法保证人才培养的质量，因此教师要深入实践，不断提升自身的职业能力。有别于其他普通高校的教师，高职院校的教师不仅要具备在传统课堂当中传授知识的授课能力，还应具备较强的专业实践能力。打造一支高素质的"双师型"教师队伍

---

① 袁方，李刚. 公办高职院校治理体系优化研究 [J]. 才智，2020（32）：23-24.

是推进专业建设的重要保障。2019 年，教育部等四部门印发《深化新时代职业教育"双师型"教师队伍建设改革实施方案》，明确提出要用 5～10 年时间基本建成一支德高尚、技艺精湛、专兼结合、充满活力的高素质"双师型"教师队伍。除此之外，专业建设还要有自身的布局，除了满足行业企业需求以外，还要根据政府的规划来确定专业人才培养的方向。如此，才能够保障人才培养不只是应付某一方的需求，而是结合政府、市场、高职院校三方的需求来开展人才培养，这对于专业自身的发展也是极为有利的。还要培养学生多方面能力，学生在未来工作中，很多时候要兼具各方面的能力，除了学习专业本身的主要知识以外还要兼顾学习其他相关知识，这样才能够成为满足新时代要求的具有较高综合素养、拥有高端技术技能水平，复合型、可持续发展能力强的高级人才。

随着国家中心城市建设，各个地区因经济差距而产生的差异，也导致了相对落后地区的人才建设并不完善。推动人才建设才能助力各地经济发展，所以高职院校应当积极制订推动服务地方经济发展的人才培养计划，在推动地方经济发展上凸显高职院校的重要作用。

三、加强高职院校教师人才队伍建设的必要性

世界正经历百年未有之大变局，新一轮科技革命和产业变革深入发展，我国面临的国际国内环境都发生着深刻而复杂的变化。要在强手如林的世界舞台站稳脚跟，实现中华民族的伟大复兴，就必须重视人才资源。当下国家正实施人才强国战略，作为高职院校的管理层，应当以治理工作为抓手，积极强化高层次人才队伍建设。当前，高职院校需要做很多事情，比如积极加快培养适应当前社会发展的教师人才队伍；通过引进的方式寻找学术前沿和行业前沿的一些专业人才充实教师队伍。如此，不只聚集了行业方面的人才，也进一步夯实了人才的后备储蓄力量。在治理能力建设过程当中，应当遵循教师成长的发展规律，社会的进步主要靠中青年推动，在高职院校的治理过程中，应当给予中青年教师更多的机会，让中青年教师成为教师团队的核心[①]。要加强对中青年教师的成长关注，给予他们发挥自身专业技术的平台，帮助他们在当前的"双一流"建设中脱颖而出。此外还要建立跨专业、跨领域的教师团队，不同领域、专业之间有着或多或少的联系，想要学生全面发展就应当培养出跨专

---

① 孙霄兵. 中国特色现代大学制度建设研究 [M]. 北京：教育科学出版社，2012.

业、跨领域的教师团队，这样对于学生学习跨专业、跨领域的知识，增强学生的工作能力有很大的帮助。教师是立教之本、兴教之源。新时代的教师人才队伍建设还必须重视师德师风建设。党的十八大明确将立德树人作为教育的根本任务写进了我国教育方针。高职院校应当大力加强师德师风建设，培养教师良好的精神风貌和担当精神，让他们成为新时代有理想、有信念、有道德、有情操、有扎实学识、有仁爱之心的教师。

四、提高高职院校人才培养水平的必要性

改革开放 40 多年来，我国已经建成了世界上规模最大的职业教育体系，我国的高职教育规模走在了世界前列，人才培养结构和质量都取得了长足的进步，但总体而言，高职院校人才培养的质量仍不高，与强国目标及世界一流职业教育还存在较大的差距，离人民对于优质教育资源的期盼还有差距。2019年，"双高计划"启动，明确提出要集中力量建设 50 所左右高水平高职学校和 150 个左右高水平专业群，打造技术技能人才培养高地和技术技能创新服务平台。高职教育在服务国家经济社会发展、产业结构升级、乡村振兴等国家战略中作用日益凸显，也越来越受到国家和各级政府的重视。2021 年 4 月，全国职业教育大会上传达了习近平总书记的重要指示要"加快构建现代职业教育体系，培养更多高素质技术技能人才、能工巧匠、大国工匠"。新时代，赋能增效、提质培优成为高职教育发展的新主题。高职院校的治理能力建设也要围绕人才培养这个核心任务，突出学生的主体地位，营造学本领、强技能的氛围，完善学生质量评价和保障体系，切实提高人才培养质量。

五、提升高职院校研究水平的必要性

高职院校治理能力建设要紧跟国家的战略发展目标，要以国家需求为导向，合理规划建设布局，制定战略规划。要积极发挥自身人才优势，对接经济社会发展开展高质量的科学研究，拓宽研究视野、提高科研水平和能力。一是做好前瞻性研究。研究国家宏观战略布局及政策、行业发展新趋势新动向，通过对一些前瞻性和全局性问题的研究，为高职教育发展把好方向。同时，也积极承担政府智库，为地方政策及行业法规的制定提供智力支持。二是做好专业技术研发。高职院校的教师要积极面向行业企业开展技术服务、咨询、研发和推广，积极促进科技成果转化，成为行业专家和技术能手。并以最新的研究视野和成果反哺教学，促进教学改革，确保教学实效。高职院校的治理能力建设要为科研人员进行科学研究创造良好的环境，提供良好的设施设备及人员、资金支持，灵活管理机制，健全激励和奖惩机制，充分调动教师进行科学研究的积极性，从而为推动高职院校的高水平发展注入活力。

六、适应产业技术变革服务专业发展的必要性

新时代，以人工智能为代表的信息技术不断赋能全产业、全领域，新技术迭代加快，新行业新业态不断产生。

新形势下，要推动高职院校发展就要紧跟时代潮流，适应产业技术变革、推动教育链、人才链与产业链、创新链的有机衔接。因此，高职院校的治理能力建设一定要服务各专业发展，让专业建设更好地服务产业技术变革①。在专业革新过程当中，不单要推动人才培养和科学研究，还要加强产业互动，为各专业的应用开发及成果转移创造出更多的机会。高职院校治理能力建设应当加强与市场的合作，以市场为导向来探寻新的治理形式。

高职院校治理能力建设应当以分类建设为抓手，引导学校发展自身的特色。在治理能力建设过程中，校方应当充分考虑自身的特点和建设条件，比照"双一流"建设的要求来开展能力建设工作。治理能力建设最需要做的就是对学校进行整体规划和战略部署，以提高人才培养质量及创新能力为根本，强化优势专业，让其在发展过程当中保持自身的特点和特色②。此外，高职院校治理能力建设还要平衡各专业发展，使各专业拥有公平竞争的机会，使各专业齐头并进，形成比学赶超的良好竞争氛围，以此推动高职院校整体水平的提升。适时引入第三方评价，将外部评价与内部考核相结合，促进各专业适应产业技术变革快速发展。

七、加快适应新时代对创新创业人才培养的必要性

2014年，国家提出"大众创业、万众创新"的号召，高职院校教育理念的转变也要呼应新时代的要求。要对原有以就业为导向的职业教育理念进行革新，呼应新时代对创新创业人才的需求。一是调整专业课程结构，构建专创融合的课程体系，将创新创业教育贯穿高职院校人才培养的全过程。开设双创课

---

① 焦爱萍. 制度文化构建视角下提升高职院校现代治理能力的策略和实践探索 [J]. 中国职业技术教育，2020（31）：68-72.

② 张国民，梁帅."双高"语境下高水平高职院校治理能力提升路径研究 [J]. 职业技术教育，2020，41（31）：11-17.

程，进一步培养学生的双创意识，以教师为主体来引导学生的学习，开拓学生的创新创业思维；二是分类分层实施双创教育，不同专业的学生需要开展不同的双创教育，以分类施教的方式将双创理念融入学科专业，对一些有意愿进行创业的学生加强辅导，通过集中培训、参与竞赛等方式来帮助学生提高自身的创业能力。校方要积极鼓励学生跨领域、跨专业、跨学院学习。高职院校在培训的过程当中要帮助学生科学合理制定自己的目标。虽然目前很多高职院校因为自身的问题无法建设专门的融合课程体系，但也要创造条件去推动双创教育，因为双创教育不仅可以使具有创业意愿的学生在今后的创业中避免不必要的问题，也能更好满足新时代国家对创新创业人才的需求。

八、推进高职院校高质量发展的必要性

"推进高等职业教育高质量发展"是《国家职业教育改革实施方案》明确提出的重要任务。"双一流"建设是当前我国对教育领域的新要求，高职院校治理体系建设和治理能力现代化是高职教育教育改革的重要内容，其改革的重点和意义是要切实提高人才培养质量和突出办学特色。在构建治理体系时，要深刻把握和对标"引领改革、支撑发展、中国特色、世界水平"的中国高水平特色双高校建设目标，科学规划院校发展方向和战略重点。如在进行专业规划时，要注意对专业发展方向的选择，充分考虑各专业的特点和优势，确定好各专业建设的发展定位，同时，也应注意专业的发展与所在高职院校自身的特色要相匹配。围绕特色优势专业，汇聚各方面优势资源，打造高水平高质量的特色专业群，引领辐射更多专业同频发展。对于其他传统的专业，要通过交叉融合的方式，为传统专业发展注入新鲜血液，激发发展活力。构建专业动态调整机制，定期对各专业进行动态评价与监测，及时纠偏诊改，调整专业结构，促进高职院校的专业建设与社会经济需求同频共振，健康有序发展。

高职院校在治理能力建设过程中，要实行激励和约束的机制，不盲目扩张、建设专业，保障经费使用不浪费，让治理建设为学校发展增添动力，发挥实效，真正推动高职院校在"双一流"建设目标的指引下，创造出更多的价值。

第三章 高职院校治理能力建设的现状与问题

党的十八大提出要"深化教育领域综合改革",党的十八届三中全会进一步明确了教育改革的攻坚方向和重要举措。我国高职教育改革迎来了新的挑战。高职院校开始积极寻求改革突破,优化教育管理模式,使教育教学改革工作成为高职院校首要的战略性任务。在这种背景下,高职院校的教育管理者以及许多教育研究学者开始对高职院校的治理能力建设进行研究,他们对国内外高职院校治理能力建设现状进行调研并做了比较分析,发现存在包括治理理念、治理形式、权责关系、资源分配以及监管机制等方面的问题,也对存在问题的成因及影响因素进行了全面系统的分析,这对我国高职院校教育改革的发展具有重要的指导意义①。

第一节 高职院校治理能力建设现状调研

自改革开放以来,我国经济社会发生了巨大的变化,经济的快速增长使得技术技能型人才极度匮乏,在这种大背景下,高职院校数量快速增加,技术技能型人才也日益增多。虽然高职院校培养的学生数量越来越多,但是培养的学生质量却并不能满足社会发展的需要,高职院校的教育与社会人才需求严重脱节的现象日益普遍,那么到底是什么原因造成了这种现象呢? 其实这与高职院校本身的治理能力建设有非常大的关系。

改革开放以前,我国高职院校由政府管控,院校的治理和发展都在政府的

---

① 游渊. 推进高职院校外部治理现代化的主要问题和有效路径 [J]. 河南教育(职成教),2020(10):17-18.

计划之中，虽然后来时代不断地发展，市场经济冲破了诸多牢笼，高职院校依旧主要由政府管控着。不过随着国家行政体制改革的深化，"放管服"改革的不断推进，政府过去的一些权力下放到各高职院校，对各高职院校的管理也逐步转向了治理。根据前文对"治理"的概念界定，本节将从治理主体、治理制度、运行机制、监督保障机制四个方面出发，对国内7所高职院校治理能力现状进行调研，并系统分析我国高职院校治理能力建设的现状[1]。这7所高职院校分别是河北工业职业技术学院、武汉铁路职业技术学院、青岛职业技术学院、黎明职业大学、金华职业技术学院、长沙环境保护职业技术学院、湖南铁道职业技术学院，这7所高职院校都是由地方政府主管的高职院校，不包含地方企业主办或民办高职院校。

一、高职院校治理主体

高职院校与普通本科院校、中等职业院校相比，在治理主体上有很大的不同。首先高职院校作为职业技术教育的重要组成机构，政府扮演着主要角色。政府是高职院校的主办者，而行业和企业在高职院校治理中担任重要的角色，是学校的合作机构。高职院校最突出的办学特色即"产教融合、校企合作"，产教融合体现高职教育的本质，而企业结合自身优势和资源与学校联合进行人才培养，提升了人才的培养质量。总之，政府、企业和行业与高职院校的利益有着非常密切的关系，它们作为高职院校的外部治理主体，密切合作，相辅相成，共同促使高职院校的治理能力建设趋于完善。而政治权力、行政权力、学术权力、民主监督和管理的权力等权力主体为党委、校长、教授和专家、教职工和学生，则是高职院校的内部治理主体，同样影响到高职院校的切身利益和长远发展。因此无论是外部主体，还是内部主体，作为高职院校的治理主体，缺一不可[2]。分析7所高职院校案例材料得知，外部治理主体中，企业经常参与高职院校的治理，多数高职院校专门设立了校企合作机构，指导协调校企合作的多项工作。而在内部治理中，政治权力的代表党委书记和行政权力的代表校长，在高职院校治理中担任着核心的角色。以教授、专家为代表的学术权力在内部治理中的角色也越来越重要，而以教职工、学生为代表的民主权力在高职院校治理中并未发挥出多少参与作用，地位较低。接下来我们分析各个治理

---

① 郭文富. 现代治理视角的高等职业教育质量保障研究 [D]. 上海：上海师范大学，2018.

② 李亚玲. 高职院校内部治理现代化的理性认知与实现途径 [J]. 湖南大众传媒职业技术学院学报，2020，20（3）：80-83.

主体具体参与高职院校治理的现状。

（一）外部治理主体

近年来，随着国家治理体系的改革，地方政府作为高职院校主要的办学者，在高职院校中一直作为重要的治理主体，发挥着不可替代的作用。政府参与高职院校的治理，多数是站在统筹者的角度上来治理高职院校，为高职院校提供资金、政策支持。制定办学标准、制度法规以及激励机制等，以此来规范化治理高职院校，在高职院校治理中给予战略性指导，具有宏观上的效果[①]。例如青岛市人民政府近年来加大了对青岛职业技术学院的改革支持力度，在财政方面增加投入，改善学院的基础设施和办学条件；政策方面给予一定的支持倾斜，制定相应的规章制度，保障学院的治理改革顺利前行；教学方面，增强学院自主性，使其勇于探索新的教学模式，创新设置教学科研机构及基层学术机构；在聘用人才方面，学院可以根据自身实际情况，制定人才聘用制度、绩效考核制度等，合理引进学院所需人才。在青岛市人民政府的大力支持下，青岛职业技术学院实现了跨越式的发展，成为国家首批示范性高等职业院校，中国特色高水平高职学校高水平专业群建设单位。近年来，对于立项"双高"建设项目的高职院校，政府在政策、资金上都有一定程度的倾斜。

行业、企业作为高职院校外部治理主体，同样起着举足轻重的作用，是高职院校办学的合作者，体现了高职院校"产教融合、校企合作"的职业教育特色模式，开启了联合办学、共建专业、定向培训等多种合作方式。例如金华职业技术学院为了紧跟时代发展，促进学校治理能力的提高，在长期的发展中建立了以合作办学为机制、合作育人为模式、合作就业为目标、合作发展为动力的校企利益共同体，实现了学院的内涵式高质量发展。金华职业技术学院与皇冠、众泰、高新技术园区等组成了校企利益共同体，共同协商制定章程，共同构建校企融合的组织体系。在这种共同体模式的深度合作之下，企业获得了人才，取得了进一步的经济利益，学校获得了持续性的校企合作资源，培养的学生广受用人单位好评，满足了社会、行业企业发展需求。在整个过程中，企业担当了与学院共同育人的角色，使其治理主体地位在学院中得到了充分的体现[②]。2019 年，金华职业技术学院成功入选国家职业教育"双高计划"A 档学校，入围全国高职院校"服务贡献、国际影响力、教学资源、育人成效、实

---

① 王朋立，亓鹏. 高职院校治理体系和治理能力现代化的基本途径探析［J］. 科学咨询（科技·管理），2020（10）：79.

② 李亮. 公立高职院校内部治理结构完善研究［D］. 西安：西北大学，2018.

习管理、教学管理、学生管理"七个"50强"，成为高职教育发展的标杆。湖南铁道职业技术学院是一所行业特色鲜明的高职院校，学校坚持走"产教融合、校企合作"之路，不断提升社会服务能力。深耕轨道交通装备制造产业，牵头成立了"全国高铁装备制造职业教育产教联盟""湖南省示范轨道交通装备制造与运用职教集团"，与中国中车株机公司共同成立了智能制造产业学院，校企深度融合，资源共享，共同培养人才、服务产业，立项为教育部现代学徒制试点学校，中国特色高水平高职学校建设单位，为国家和湖南地方经济发展做出了重要贡献。

目前，大部分高职院校都专门设置了校企合作机构来处理学院与企业之间的合作事宜，例如河北工业职业技术学院开启联合育人模式，在各院系设立了校企合作办公室，其职责即专门负责协调学院与企业行业合作事宜。学院与一些企业共同探索人才培养模式共享培养成果。牵头组建的河北省钢铁焦化职业教育集团2020年入选全国首批示范性职业教育集团，学生在各级职业技能大赛中斩获颇丰，获得国家级奖项17项，省级奖项78项。学生广受用人单位青睐。学院与企业深度合作，不仅共同探索人才培养模式，为企业输入更优秀的人才，也共同建设符合企业发展的专业，一起制定专业建设标准，共同孕育人才，使越来越多的行业企业参与到学院的治理建设中，促进学院和行业企业良性发展。

政府和行业、企业作为治理主体在高职院校治理建设中必不可少，不过政府和行业、企业这些外部主体到底是通过何种方式参与高职院校的治理呢？"理事会"成为一种桥梁，有效地连接了政府、行业企业与高职院校。理事会是由政府、学院、行业、企业、国内外知名专家、社会知名人士、杰出校友及其他社会组织组成的利益共同体的组织机构。2014年7月，教育部发布第37号部长令，颁布《普通高等学校理事会规程（试行）》，该规程明确了理事会的作用：与地方政府、企业行业等建立长效合作机制，参与学校相关决策，保障学校改革发展，争取社会支持，探索深化学校体制改革，引入和健全监督评价机制，提升社会责任意识①。位于福建省的黎明职业大学每年年底都如期召开战略理事会，邀请地方政府相关部门、行业组织、龙头企业领导专家参加会议，各方在资本运作、管理机制、就业创业以及成果转化等方面展开深度的洽谈合作。黎明职业大学以战略理事会为平台，与地方政府和相关部门建立了密

---

① 郭为禄. 大学运行模式再造［M］. 上海：上海教育出版社，2012.

切的联系，使其在学校治理建设方面提供有利的指导，使黎明职业大学各项事业蓬勃发展起来，真正构建了一个"政行企校"的利益共同体。

（二）内部治理主体

高职院校内部治理主体主要有党委、校长、专家教授、教职工和学生，其中党委代表政治权力，具有主导作用；校长代表行政权力，全面负责高职院校的工作；专家教授代表学术权力，在专业建设方面具有决策指导的职能；教职工和学生则代表了民主监督和管理的权力。

高职院校的党委组织是学校领导层的核心组织，这是由中国共产党的性质和执政地位决定的，学校的发展方向和各项工作都由党委统一领导决策，党委履行职责，在学校重大事项上指挥决策，在重大决议上主导执行，是高职院校内部治理的核心主体，发挥着主导作用。

校长是学校行政负责人，在政府部门、学校党委的领导下，全面负责管理学校各项事宜，对外代表学校，对内有权开展职责范围的所有事宜，包括教学、科研和行政管理等工作。

而高职院校的学术委员会在学校里的作用也非常重要，因为高职院校在专业建设、科研发展等方面的决策和评定离不开教授和专家的参与，学术委员会的成员都是教授和专家，方能体现高职院校"教授治学"的管理理念，如此高职院校在专业发展上才能走得更远①。调研的这 7 所高职院校都设置了学术委员会，一些学校还设置了二级学院学术委员会，不过多数高职院校的学术委员会并没有设置专业建设指导委员会、教学指导委员会等下级机构。

教职工和学生是高职院校治理中最大的利益主体，人数众多，规模庞大，在内部治理中虽然没有直接的主导权和决策权，但是却最能代表广大师生的心声，他们以教职工代表会和学生会的形式参与民主决策、民主监督和管理。有了教职工代表会和学生会这两种组织，就可以在一定程度上调动教职工和学生共同参与学校治理的积极性，共同管理高职院校的一些事务，推进高职院校的内部治理进程，保障高职院校治理建设更具民主性和科学性。

高职院校的四个内部治理主体共同参与院校治理建设，才可称为真正有效的内部治理，缺一不可，否则高职院校的治理能力建设就会不尽如人意。为此，我国高职院校都在积极探索研究四种权力主体共同合作的治理模式，以期

---

① 张良. 高职院校治理能力现代化的理论意蕴与实现路径 [J]. 职业技术教育，2020，41（27）：40-43.

学校能够稳定发展下去。例如长沙环境保护职业技术学院在办学发展过程中充分认识到教授治学对建立现代化管理体制的意义，充分认识到民主管理、民主监督的作用和力量，因此学校不断完善"党委领导、院长负责、教授治学、民主管理"的内部治理结构，转变观念，加强师资的队伍建设，落实民主管理各项措施，全面提升学校内部治理能力①。黎明职业大学也积极探索四种内部治理主体协调合作的治理模式，不仅加强专家教授队伍的建设，同时还加深教职工、学生参与学校治理的程度，制定相应的实施细则和制度规定，保障教职工代表会和学生会制度的有效实施，全面提升民主管理和民主监督在学校治理能力建设中的作用，保障全体师生员工的合法权益。

二、高职院校治理制度体系建设

（一）高职院校的章程建设

高职院校章程是一个高职院校制定的关于高职院校规程和办事规则的指导性文件。高职院校章程对承载院校精神、明确院校定位、突出院校特色起着引领作用。高职院校章程作用于高职院校内部，依靠全体成员共同实施，是体现高职教育特色的核心制度，也是现代高职院校制度必不可少的组成部分，是高职院校治理体系建设顺利实现的根本保障，一定程度上决定着高职院校治理能力的建设水平，因此高职院校的章程建设对于高职院校治理能力建设至关重要。调查研究表明，7 所高职院校都制定了学校章程，并在所属教育厅进行了核准。进一步对比分析这 7 所高职院校的章程，发现这些章程有许多共同之处。章程由学校基本信息、举办者与学校的权利义务、学校内部管理体制与组织机构、二级学院、教职工、学生、经费、资产与后勤、学校与社会等内容组成，这些内容组合起来构成了高职院校治理的重要元素。章程中学校内部管理体制与组织机构，包括学校内部的领导体制、管理机构、管理制度、人事制度和劳动分配制度等，明确了党委、校长、教职工和学生等内部治理主体的责任关系，而章程中的教职工内容部分主要指明教职工在学校中的权利和义务，章程里学生的内容部分主要包括学生享有的权利和履行的义务。学校内部管理体制与组织机构、教职工和学生这三部分内容构成了章程的核心内容②。多数高职院校都比较注重章程建设，以章程制定为核心推进现代大学制度建设，明确

---

① 易启明. 高职院校"一流治理能力"建设探讨 [J]. 教育与职业，2020（18）：56-60.
② 闫芳. 高职院校治理体系和治理能力现代化的问题及对策研究 [J]. 化纤与纺织技术，2020，49（9）：88-90.

治理结构，提升院校的治理能力。在发展过程中，高职院校不断修订完善章程，使本院校的章程更能符合现代化学校的建设进度。例如武汉铁路职业技术学院通过章程明确治理结构，清晰罗列出学校内部主体与外部主体各自的权利与责任，发挥学校章程在依法治校中的主导性作用。

（二）高职院校内部规章制度建设

章程是高职院校的核心准则，但院校的管理仅有章程是不够的，好比一棵树仅有树干没有枝叶无法顺利地长成一棵大树一样。因此高职院校要使章程能够规范高效地运行，保障学校的顺利发展，那么就必须要有一套完善的适用于院校内部的管理制度与章程相辅相成，学院的管理制度要以章程为核心，建立健全完善的规章制度，保障高职院校的各项工作顺利进行。同时章程为制定管理制度起到指导性作用，为高职院校治理能力的提升夯实基础。

高职院校内部管理制度体系的制定与完善，要紧跟时代的步伐，废旧扬新，即及时废除与学校章程或现阶段法律法规不相符合的制度，而制定一些与高职院校发展相符合的制度，这样才能更好地完善学院的管理体制。例如长沙环境保护职业技术学院以学院章程为依据，近几年一直在修订和完善学院的管理制度，系统开展了"废、改、立"的制度梳理工作，审查了150多项规章制度，重新修订了37项制度，新制定了50多项管理制度，形成了一套与内部治理体系相配套的规范体系。武汉铁路职业技术学院全面开启建设"优质、高效、和谐、幸福的武汉铁院"新征程，致力于为企业和社会培养高等职业技术人才，使学校的发展跟上国家治理改革的步伐，积极推进学校内部管理体制改革，出台了学校2018版规章制度汇编，共收入规章制度93项，重新建立60项制度，废除了36项不符合学院发展实际的制度，以达到学院高质量发展目标[①]。

三、高职院校治理的内部运行机制

高职院校的治理能力建设，既要制定完善的制度体系作为基础，也要依靠良好的内部运行机制来保障治理的顺利进行。只有静态的制度体系与动态的运行机制两者相结合，才能使高职院校的治理取得良好的效果。通过对比案例材料发现，以下四个方面构成了高职院校的内部运行机制，即校院（或院系）

---

① 徐艳华，周莹，刘鑫. 校园文化建设视域下高职院校治理能力策略研究［J］. 新疆职业大学学报，2020，28（3）：13-20.

两级管理机制、科学民主的决策机制、高效的执行机制和信息化管理平台，这四方面的建设在当前高职院校内部运行机制中缺一不可，共同促进了高职院校治理能力的有效提升。

（一）校院（或院系）两级管理机制

随着高职院校的快速发展，高职院校的管理体制已经基本和一般的本科高校体制相似，由原有的集中管理模式逐渐过渡为校院（或院系）两级管理模式，实现了分层管理、按级负责的职能转变，并且正在逐步完善校院（或院系）两级管理机制。这种机制相对于传统机制具有明显的优势，明确了学校与二级院系之间的权力与责任，使二级学院在很大程度上分担了学校的管理职责，实现学校治理的重心下移，极大地调动了二级学院的积极性，高职院校的管理效率也大幅度提高，推动了高职院校治理能力改革的前进步伐。例如河北工业职业技术学院深化管理制度改革，扩大二级学院办学自主权，按照权、责、利相统一的原则，科学划分校、院、系的职责权限，建立了岗位目标管理责任制，鼓励二级学院结合自身实际情况走特色化道路，使二级学院由以前的单一教学部门转变为具有自主性、创新性和权责统一的办学部门，保障了二级学院在教育教学、学生管理等方面的支配权，极大地提升了二级学院工作效率，同样使学院的整体治理工作效率得到提高，治理水平得到提升①。

（二）高职院校内部决策机制

正确的决策是保证高职院校实现内部治理的关键，而影响高职院校决策质量好坏的核心因素是高职院校内部的决策机制是否科学合理。建立科学规范的决策机制，对高职院校的生存与发展起着极为关键的作用。高职院校的政治决策、行政决策和学术决策分别由党委会、校长和学术委员会行使。党委会以章程为核心，全面领导高职院校的教育教学工作，保证高职院校办学符合党的指导思想，符合国家的教育方针。校长对高职院校行使行政决策权，统筹管理院校的一切重大事务，保证高职院校的各项决策符合高职院校教学教育的时代发展。学术委员会在高职院校中对学术方面的事项行使决策权，凡高职院校学术上的事务由学术委员会集体表决，从而使院校的学术活动符合教学发展规律。金华职业技术学院明确规范党委会、校长办公室和学术委员会的职责和义务，从而建立科学规范的内部决策机制。青岛职业技术学院为保障决策的科学与民

---

① 廖毅强，袁先珍，刘泽华，等. 高职院校内部治理能力提升的实践与探索：以广东轻工职业技术学院为例［J］. 广东开放大学学报，2020，29（4）：103-108.

主化，将编制的管理办法、岗位设置方案、工资实施办法等严格按照党委会、校长办公室和教职工代表大会的议事决策权提交会议研究，会议通过后方才执行，从而创建规范的决策程序①。

（三）高职院校内部执行机制

高职院校拥有一套良好的管理体制与机制，是建设现代大学制度的必然要求，一个好的内部执行机制，可以有效保障决策的高效执行，切实提高效率，从而提升学校的核心竞争力。高职院校内部执行机制包括学校、职能机构、二级学院三个层面。其中学校层面即高职院校应发挥其高等职业教育的职能，合理设置组织架构，明确各个部门的职责，确保各部门在党委、行政的领导下，高效执行各项决策。职能机构介于高职院校与二级院校中间，属于中层部门机构，它在高职院校可定义为服务部门，它的职能是忠于学校上层的指导决策，助推学校的各项事宜顺利实施，另外对二级学院进行管理和提供服务，使二级学院的发展符合学校的规划。应当注意的是，按照高职学院的组织结构，各职能部门与二级学院之间是平行的关系，而不是上下级的分权关系。二级学院是最基层的单位。传统的管理机制中基层单位一般都是执行上级决策的单位，对于高职院校下达的各项决策，二级学院都应给予服从和落实。近年来，随着各高职院校治理能力建设的深入推进，校院（或院系）两级管理机制的建立和完善，学院的各项权力逐渐下放给二级院系。高职院校应理顺学校、职能机构、二级学院这三个层面的执行机制，保证上下一致、横向联通、融会贯通，确保高职院校的各项决策顺利执行②。

（四）高职院校信息化管理平台

教学资源的信息化是教育信息化建设的关键环节，高职院校必须建立信息化管理平台方能保证院校治理的有效进行，使高职院校治理工作效率远远超于传统的人工管理，并且信息化管理平台治理过程具有更加开放和公正的特点。例如河北工业职业技术学院由学院信息中心引导，教务处、人事处等相互配合，通过加大对信息软件的投入，充分利用互联网技术，构建智能化的校园管理平台，延展学院管理空间，实现智慧化的教学管理、科研以及数据分析与决策，大大优化了学院校园管理结构，提高了教育教学的工作效率。青岛职业技术学院全面启动智慧校园建设，利用智慧网络平台对人才培养工作的实时数据

① 叶泽洲，赵伶俐. 大数据时代高职院校治理的逻辑与模式建构［J］. 当代职业教育，2020（4）：19-26.
② 严文清. 中国大学治理结构研究［M］. 北京：人民出版社，2011.

进行采集和分析，并及时预警和激励，确保培养的人才质量符合社会发展的需求。黎明职业大学利用信息化管理平台进行"线上—线下"教育教学，并开始进行线上考试，线上评价将定岗实习成效与实习单位对实习生的评价作为判断教学是否需要改进的依据，通过信息化管理平台实时反馈，从而进一步改进教学方式，有效提高了教学质量。

四、高职院校治理的监督保障机制

高职院校治理能力建设的稳步发展离不开监督保障机制的有效实施，任何一种体系的运行都离不开监督机制的运行，否则很有可能偏离正路，与目标背道而驰，因此高职院校只有拥有一套健全的监督保障机制才能保证高职院校治理能力的提升。监督保障机制分为外部监督保障机制和内部监督保障机制，这两种监督保障机制缺一不可，相互协作，共同保障了高职院校的治理工作顺利进行。外部监督保障机制指政府、行业和企业等组织对高职院校的治理工作进行监督与评价，从而保障治理有条不紊进行的有效保障机制[1]。内部监督保障机制指高职院校的党委会、教职工、学生等团体对高职院校治理的监督与评价保障机制。

外部治理监督机制主要有两方面：一是外部治理主体坚持公开客观的原则，使高职院校的章程及规章制度等公开透明，主动接受社会各界的监督与评价，督促各高职院校完善制度，规范治理程序，加强监督力度。二是通过理事会制度，依照章程行使主权，保障行业企业等组织对高职院校的治理工作及时进行监督与评价，遇到治理不合理的地方，要及时提出来并督促其改正。而在内部的监督保障机制中，每所高职院校都有自己独特的监督机制，并日趋完善。例如武汉铁路职业技术学院为了更好地监督内部工作是否有效实施，学校制定了工作台账制度，即各部门要制定工作项目清单，然后依据部门工作项目清单制定工作计划清单，将年度工作计划清单分解到月度工作计划清单，甚至具体到周工作计划清单，最后将台账完成情况公布出来，接受全体学院职工的监督，并与绩效考核挂钩，使学院的工作更加高质高效。同时，学院还设定了固定的校领导接待日，这个时间段校领导要处理学校在治理方面所遇到的问题，并对师生呈上来的意见进行及时处理和反馈，真正做到了内部的有效监督。河北工业职业技术学院也逐步开始完善内部监督保障机制，学校积极探索

---

① 梁应帅. 高职高专章程与院校治理的问题研究［D］. 桂林：广西民族大学，2018.

学院、企业、学生以及第三方评价机构的监督机制，对于不合理的地方，及时提出意见并反馈、改进，受理师生咨询投诉的事项，听取师生对学校各项管理工作的意见，逐步使学院的内部保障机制随着治理改革的推进而进一步完善。

第二节　我国高职院校治理模式与发达国家高职院校治理模式的比较分析

一、我国高职院校治理模式

推进国家治理体系和治理能力现代化作为全面深化改革的总目标，是我国主动应对新时代的发展趋势而做出的战略选择，此举对于中国社会主义现代化事业来说具有深远的意义。高职院校的治理能力也应紧跟时代的步伐，沿着国家改革方向，将传统的管理模式转向现代化的治理模式，与我国基本国情和我国特色社会主义建设相适应[①]。所以高职院校治理体系应与国家治理体系相呼应，参照国家治理体系的理论框架来建设，即强调合作治理、公众参与、公开透明、责任明确、民主法制、简洁高效等这些内在要求，实现公共事务共同治理、利益全面增进的治理目标。

（一）治理主体：多元治理主体协同治理

高职院校的管理理论引进了一种全新的管理理念，即多元化治理理念。这种理念打破了以政府为单一主体的传统治理模式，将治理主体变为高校、政府及社会等多主体的多元化治理主体模式。高职院校的这种治理分为外部治理和内部治理：其中外部治理由政府、行业和企业这些外部治理主体参与学校相关事宜的治理，主要协调学校与这些主体之间的关系[②]；而内部治理是党委、校长、专家教授、教职工会和学生代表会等这些内部治理主体参与治理学校内部相关事宜。无论是外部治理主体还是内部治理主体，任何一个治理主体在高职院校治理体系中都发挥着重要的作用，这些治理主体参与高职院校治理的关系相对来说比较复杂，从高职院校治理体系和治理能力现代化改革的角度出发，

---

① 沈小雯. 高职院校内部治理机制改革的价值诉求 [J]. 江西电力职业技术学院学报，2020，33（6）：88-89.

② 周建松. "双高" 建设背景下高职院校治理能力提升研究 [J]. 教育与职业，2020（14）：13-18.

处理好各种利益主体的关系，使各种要素有效整合、共同发展，才能实现高职院校建设的健康稳定有序发展。

那么从高职院校治理能力改革的角度出发，各利益主体在处理相互之间的关系时需协调合作、求同存异，方能实现共同的目标，即多元治理主体之间要通过共同协作来参与高职院校的治理。高职院校的多元治理主体有政府、行业、企业、党委会、校长、教授、教职工、学生等，高职院校要合理放权，赋予各个治理主体一定的权力和责任，激发各个主体在高职院校治理工作中的积极性和能动性，使其最大限度地发挥治理作用，提高高职院校的治理效率，从而达到各治理主体之间共商共治、共享共赢的目的。这与国家治理体系和治理能力现代化建设强调多元主体共同治理的理念一致，即政府、市场和社会共商共治，分散了政府治理国家的压力，政权组织、社会组织和公民组织协调合作、化解冲突和矛盾，最终实现共同的治理目标①。而高职院校多元化治理强调政治权力、行政权力、学术权力和民主权力共同治理院校，求同存异，建立多元主体协同治理机制，形成多元共治治理模式，达到提升高职院校治理能力的目的。

（二）治理基础：完善的治理制度

一个组织机构要想有条不紊地发展下去，必须要有一套完善的制度体系来支撑，正如国家依靠法律来治国，高职院校也要一套完善的规章制度来治理学校。随着国家治理体系改革的深入，高职院校的治理制度也发生了深刻的变革。国家的治理体系不仅包括静态的制度体系，同时还包括动态的制度运行系统。国家治理体系依据治理主体可分为政府治理体系、市场治理体系和社会治理体系。这些静态的治理体系为规范社会权力的运行，以及维护公共秩序而定。而动态的国家治理体系是一个相互协调的有机整体，政府、市场和社会构成一个动态的有机的、协调的运行系统，只有这样才能发挥制度体系的正向功效②。高职院校的治理也是如此，只有构建一个完善的治理制度体系，才能有效促进高职院校治理能力提升，也就是说拥有一套完善的治理制度体系是高职院校治理制度化、法制化和规范化的前提条件。

在我国高职院校治理能力改革推进的过程中，各高职院校逐步完善院校章程，根据学校自身的办学特色和人才培养模式制定院校章程。依据国家法律法

---

① 孙建. 高职院校内部治理体系改革实施路径 [J]. 教育与职业，2020（12）：47-52.

② 陈明霞，吴一鸣. 百万扩招后高职院校治理的问题与对策 [J]. 教育与职业，2020（10）：13-18.

规科学制定高职院校章程，对于完善高职院校的治理结构、提升高职院校的治理能力至关重要。《中华人民共和国高等教育法》及《国家中长期教育改革和发展规划纲要》都对各高校制定章程进行了明确规定，2011 年，教育部颁布《高等学校章程制定暂行办法》，为各高职院校制定章程提供了指导和规范。我国高职院校的章程建设工作历经十年，已经取得了显著的成果，几乎所有的高职院校制定的章程都在所属教育厅获得了核准，有些高职院校将章程直接公布在官网上。高职院校的章程建设工作趋于成熟，但是这对于高职院校治理制度体系建设来说才仅仅迈出第一步，各高职院校还需要依据章程、依据教育部各项政策和法规等建立一套完善的内部制度运行体系。这套制度体系相互协同、相互作用，涵盖高职院校治理工作的方方面面，为高职院校的治理能力提升夯实了地基①。

（三）运行机制：民主、科学、有效的决策及执行能力

国家治理体系和治理能力现代化建设要求我国中央与地方的权力结构相对稳定，这样才能调动中央与地方的治理积极性。在国家层级职能分配上，顶层代表国家，负责战略性规划设计；中层则是省级行政区，服务于上层领导，管辖基层的行政机构；而基层则是省级以下的行政机构。各层级代表的利益随着社会的发展而变得日益复杂，权力、责任与利益的划分争议越来越多，成为大家关注的话题。那么高职院校治理体系又如何呢？

高职院校治理的治理主体为多元化主体，只有协调多元化主体利益，让高职院校治理制度有条不紊地运行下去，才是保证高职院校治理能力提升的关键所在。对于高职院校来说，职能层级同样复杂，如职能机构和二级学院之间的关系历来是各高职院校管理中的困惑点和难点。从权力等级划分来看，各职能机构与二级学院是平级关系，职能部门并无职权指挥二级学院。然而从职责划分来看，职能部门又是承上启下的管理服务部门。如何合理分配各层级的权力、责任与利益，对于高职院校治理能力的提升至关重要。因为在学校内部设置科学合理的组织机构，并使各机构部门职权得到有效配置，建立民主科学的治理运行机制，是高职院校治理能力提升的重要途径。国家治理体系与治理能力现代化的建设越来越强调民主化，充分发挥人民群众这个团体在国家事务中的决策作用。那么高职院校同样也要构建民主化、科学化的治理运行体系，在

---

① 韦怀，黄敏. 治理视角下高职院校高质量发展的应然性与路径选择 [J]. 黑龙江教师发展学院学报，2020，39（4）：53-55.

学校的各项事务决策中，运用民主化、科学化的治理体系来治理，实现治理能力的有效提升。高职院校的内部治理由党委会带领，校长全面负责行政，党委代表了政治权利，代表了学校的发展方向符合党的指导思想和国家的教育方针，因此要坚持党委领导下的校长负责制，充分发挥校长在高职院校的核心领导作用①。同时为了体现治理的民主化，高职院校要不断完善学校的决策制度，不仅坚持民主集中制原则，党委会、校长办公会决策学院各项重大事务，也要使学术委员会、教职工代表大会、学生会等组织参与到学校决策中来，从而构建科学化、信息化、民主化的现代决策机制。同时也要广泛听取学生、家长、校友等群体发表的意见和建议，将意见建议及时反馈到上层决策会议上，并及时制定相应的治理措施，从而强化学校决策的民主化程度。

另外高职院校也要注重互联网信息技术在治理中的功能作用，积极探索社交媒体、大数据等线上科技软件平台在高职院校治理中的应用。高职院校借助互联网技术，可以使各治理主体更加快速地参与到学校的治理决策中来，同样可以利用网络信息软件，建立学校各方面的数据库，进而有效收集、分析数据，为学校治理决策提供必要的参考，同时还可避开人为治理的一些弊端，使各治理主体的治理行为都能够经得起审核检验，使高职院校的治理更加公正规范，以进一步提升高职院校的治理能力②。

（四）保障机制：民主监督机制的建立

国家治理体系与治理能力现代化的推进，必须要有完善的保障机制。一般情况下，国家制定考核制度、激励制度来落实保障措施，建立权责一致、科学合理的工作责任制，同时落实督察工作，强化责任追究，还要求组织自觉接受督察检查，建立群众举报有奖制度。高职院校治理能力的保障机制建设同样缺一不可，除了建立符合自身实际的科学的工作责任制和考核制度以外，有效的民主监督制度也是保障高职院校有效治理的关键。学校的民主监督分为校外监督和校内监督。校外监督是学校外界对学校各项事宜的监督与评价，因此学校应及时将学校的一些信息公之于众，自觉接受社会各界对学校的监督与评价。另外高职院校建立的理事会、校友会等团体机构，可以使政府行业、企业、家

---

① 李亚玲. 高职院校内部治理结构现状与优化对策 [J]. 长沙民政职业技术学院学报，2020, 27 (1)：101-103.

② 宦媛. 治理理论视野下教师参与高职院校管理研究 [D]. 华东政法大学，2017.

长以及校友参与到学校治理的监督中来，使学校的监督机制更加真实有效①。校内监督应建立良好的监督平台，并从多方面拓宽监督渠道，例如党委监督、教职工监督、学生监督等。总而言之，高职院校应全面构建民主监督体系，连接校内和校外，使高职院校在开放、科学的监督机制下提升治理能力，为推进高职院校现代化治理体系建设夯实基础。

二、发达国家高职院校治理模式

（一）体系完善而且职责分明

国外的高职院校较早开始发展，在不断发展中已经形成了较为完善的治理模式，各部门职责明确，分工明确，办事效率较高。例如，具有优秀的职业工匠培养精神的德国高职院校的内部治理结构，它的结构基本分为重大事务决策层、行政事务执行层和教学及研究事务实施层三个层面，每个层面又有若干个部门来治理学校相关事务。德国应用技术大学培养了许多著名的工程师，成为德国工程师的主力军，在全世界的工程业界享有盛誉。德国应用技术大学实行双元制职业教育，即学生的培训必须经过两个场所的培训。一方面，在传统的职业学校接受专业知识的学习培训。另一方面，在企业或工厂等校外实训场所，接受职业技能等方面的专业培训，学生具有在校学生和企业员工两种身份。德国应用技术大学的治理结构同样由重大事务决策机构、行政事务执行层和教学及研究事务实施层组成，其中重大事务决策层由董事会组成②。董事会也称管理委员会，它的权力较为集中，负责学校的重大事项决策。董事会的职责有：审批学院及各部门的建立或撤销、设置学院各专业及专业研究方向；向州政府提出拨款申请，确保资金可以维持学校的各项开支，同时对资金使用去向进行追踪和审核；制定考试规章制度、培训规划及协调委员会的工作条例；制定学校的重大方针政策，保证双元制大学既能服务于社会，又能维护大学的利益。行政事务执行由校长委员会负责，校长委员会由校长、副校长和行政总监组成，对学校的一切行政事务负责，保证学校能够正常运行。教学及研究事务，主要由负责专业教学、科研等方面的机构来实施，保证学校在专业技术方面能够稳步发展下去。

---

① 李玉伟，黄小军. 以质量标准服务高职院校治理现代化问题研究 [J]. 郑州铁路职业技术学院学报，2020，32（1）：70-73，82.

② 郑磊，方学华，楼宏强，等. "治理能力现代化"背景下高职院校与社区党建共建研究 [J]. 科教文汇（上旬刊），2020（3）：106-108.

澳大利亚的职业教育经过多年的发展，在世界上享有一定的声誉，澳大利亚的高职院校治理同样具有以上特点，例如堪培拉技术学院的治理机构由理事会、本土委员会、公众决策委员会和调解委员会组成，全面协调学院的一切决策和行政事务。学校的最高行政长官在处理学校事务时理事会给予合理的建议和指导，从而保证长官的决策能够正确影响学校的发展，另外理事会还要为首都特区教育部门提供教育与培训方面的建议和方案，为国家教育教学行业政策提出切实可行的指导意见。堪培拉技术学院公众决策委员会既是理事会成员，又是审计委员会成员，同时也是学术委员会、资源委员会、方案委员会成员，对学校各个项目设计与评定提供咨询意见，出席学院的特别活动和大型会议等①。调解委员会的职责主要是协调各部门之间的关系，增强相互之间的信任，巩固彼此之间的关系。

（二）既相对独立又相互制约

国外高职院校治理结构具有相对的独立性，尽管每个高职院校的治理体系都不相同，但治理结构中各部门既相对独立，又相互制约。例如英国高职院校由董事会领导，负责高层重大事项的决策，而校长负责落实实施各项事宜。董事会下设多个专项委员会，包括提名委员会、财务委员会、审计委员会、薪酬委员会等。提名委员会负责董事会成员的推荐与选取；财务委员会、审计委员会负责学校的财务与审计；薪酬委员会负责全校职工薪资水平设置等②。各个委员会相互独立、分工明确、各司其职。而校长管理团队也分多个机构部门，分管各项事务，职责分工明确。在英国的高职院校中，虽然学校内部各治理机构之间相互独立，分工明确，但是各部门也存在着利益关系，相互之间又制约着彼此。董事会虽然在学校的决策权力最高，但是董事会的权力也不是至高无上的，相反，董事会的活动处处受到其他各委员会的制约，其制定的制度或做出的决策都要受到相关委员会的监督和审核。比如董事会拟定的教学方面的政策措施，要接受课程和质量委员会的审查；董事会拟定的薪资制度，要接受薪酬委员会的审核，如果一些岗位的薪资水平不符合其岗位水准，则薪酬委员会有权提出建议并做出最终修订。校长虽然处于权力的顶端，具有很大的决策权，但是他的行动依然要受到董事会的监督，向董事会负责。故此，英国高职院校各治理机构虽分工不同，但相互之间都有密切联系，也都约束着彼此。

---

　① 苏志刚. 治理共同体：类型教育背景下高职教育治理结构的创新探索 [J]. 中国职业技术教育，2020（7）：61-65.

　② 赵红杰. 利益相关者视角下高职院校内部治理结构研究 [D]. 沈阳：沈阳师范大学，2017.

德国应用技术大学也有自己的特点，除了设置校务委员会，学校还设置了由银行家、校外专家、政府代表组成的咨询委员会，以及由政府推荐的其他学校领导、大企业领导和本校校务委员会组成的监事会。校务委员会遇到重大事项决策时，要参考咨询委员会给出的意见，不能自行定夺；学校每年要定期将学校的情况汇报给监事会，并对学校出现的问题及时给予处理和反馈；而专业委员会则具体负责学校所有专业教学及培训方面的事项，诸如制定专业方向和培训计划等；德国高职院校的监督保障由董事会和专业委员会相互协作完成，因此董事会具有双向功能，既要使双元制学校对社会做出一定的贡献，又要使学校本身获得利益并保持其相对独立。

美国的社区学院与其他国家的高职院校治理模式有所不同，大部分学校的办学经费由政府提供，但政府部门并不参与学校的治理，而是由社会机构对各校进行认证评估，即实行第三方认证制度，例如学校每五年就要接受一次办学资质的评估认证。学校通过认证，就给予办学资质证书，这种认证方式缓解了政府的监督压力，实现了社会对学校的有效监督。在第三方对学校认证期间，学校需要提供自查报告、评估团总结报告、学校的年度数据更新报告等，第三方对这些报告资料进行审查，如果提供的资料达到一定的分数，则学校通过认证。例如美国的哈德逊山谷社区学院，通过了全国护理联盟认证、美国高等教育各州中部协会认证、幼儿教育协会认证、工程与技术认证委员会认证等[①]。全国多个专业认证机构的认证。这些认证机构既有全国性的认证机构也有地方性的认证机构，既有专业性的认证机构又有院校级的认证机构，这些认证机构对学校全方位的审查和认证，可以有效监督学校的教学质量，提高学校的教学水平。

（三）教师和学生的主体地位得到充分体现

教师和学生是高职院校的内部主体，教师培养出优秀的学生，是一个学校办学的意义所在，因此教师和学生在外国高职院校里受到特别关注。例如，德国的马格德堡应用技术大学里，学校专业负责人由教授担任，体现了教师在大学治理过程的重要地位。德国的奥斯特法利亚应用科技大学规定该校的校长、副校长以及院系主任来自教授，无论是学校级别领导还是院系级别领导，教授占多数名额，同样学校的专业教学设计、教学项目组织、科研项目经费管理等

---

① 徐小容.以"共治"求"善治"：职业教育教学质量治理的公共理性逻辑［D］.重庆：西南大学，2016.

几乎都由教授来负责，因此该校的治理特色即是教授治校①。前文我们提到德国的双元制大学都设有专业委员会，专业委员会是学校专业领域最高的学术机构。学术委员会除了制订教学计划和大纲、对教学和培训制度的制定负责、对专业学科的事项决策外，还对院长提供专业方面的咨询和建议，为学院的专业发展提供了决策性的指导意见，这一切都体现了教授在学校治理中的重要地位。而德国高职院校学生的主体地位也是非常高的，例如兰茨胡特应用技术大学学生会直接在学生里选举产生，学生会的经费并不是由学校拨款，而是由学院所在州资助，经费完全由学生会支配。学生会在学院中的地位较高，有权参与讨论和表决与学生相关的事务，比如学院晚会的举办、运动会的举办、学生生活指导以及一些公共事务，都需要有学生会参与，极大地彰显了学生的主体地位。

新加坡南洋理工学院也给予了学生非常高的尊重，体现了学生的主体地位，使学生的主体价值在学院中得到进一步提升。例如学校在宣传方面，无论是对内宣传还是对外宣传，为了体现学生的价值，学校都以学生为主体进行宣传，在学院的画册上、宣传窗口上，出现的人物基本都是学生。新加坡南洋理工学院不像我国的高校设置固定的早、午餐时间，学生饿了到食堂随时可以吃到可口的饭菜。在生活指导方面，学校也无微不至，全天为学生提供贴心的问候和服务，使学生处于放松的学习环境之中，提高学生的学习效率，激发学生的创造性②。学校也提供心理咨询服务，为学生排忧解惑，进行心理辅导，以免学生出现心理问题。所有的老师都是学生生活上和学习上的导师，学生遇到困难时，随时帮助和指导学生。与食堂服务人员一样，学院的教师也没有固定的午休时间，而是随时待命，全天为学生提供教学与服务，帮助学生提升学习水平。正是因为南洋理工学院做到了时时以学生为中心，时刻尊重学生，将学生的主体地位放在了核心之处，才具有了举世闻名的"教学工厂""双轨运行""电子学习坊""组织无界化"等优于其他学校的办学特色，吸引了国内外莘莘学子前往南洋理工学院求学，推动了学院的治理水平快速提升，科技与专业优势也逐渐凸显出来，非常值得我国高职院校借鉴③。

---

① 唐智彬，方颖军. 论当前高职院校内部治理现代化的现实路径 [J]. 职教论坛，2020 (2)：24-30.

② 程德慧. 基于权力结构重组的高职院校内部治理体系建设 [J]. 职教论坛，2020 (2)：38-43.

③ 魏勇，雷前虎，崔莉萍. 扩招百万背景下高职院校治理能力适应性的构建 [J]. 职教通讯，2020 (2)：31-36.

第三节　高职院校治理能力建设中存在的问题

上文已经详细介绍了我国高职院校治理能力现状，主要包括治理理念、治理形式、权责关系、资源分配以及监管机制几个方面，同时也看到我国高职院校经过多年的发展，已经取得了一定的成绩。然而，随着经济不断发展，社会和企业需要的是更加优秀的复合型人才，这对高职院校人才培养提出了更高的要求和期盼。本节将就目前高职院校治理能力建设中存在的问题展开详细论述，通过发现问题、找到成因以及影响因素，为高职院校后续的治理能力建设提供借鉴。

一、治理理念方面存在的问题

（一）领导人对治理理念认识不够清晰

为了深入了解高职院校治理能力建设现状，本书选取了 7 所院校进行个案研究。在调研中也通过访谈、电话及调查问卷的形式随机访问了几所院校的领导人，发现一些领导人在治理理念上还有许多地方认识不清晰。学校的主要工作基本都是按照学校制定的规章制度展开的，领导人对规章制度普遍比较重视，但是一些院校的章程太过老旧，延续使用了很多年并且一直都没有更新。山东某所院校的规章制度还是在本科教学工作评估时修订的，距离上次工作评估已经过去了十多年，在这十多年中院校一直在发展和扩招，却一直在延续使用过去的旧规章制度。院校不愿意修订规章制度，最主要的原因还是修订制度是一项非常烦琐的工作，需要耗费大量的人力、物力，甚至是财力，领导人认为在这项工作上花费太多的精力并没有意义，提升教学质量才是重中之重①。

例如，章程的修订需要由联席会先进行讨论，若讨论结果认为目前使用的这套章程的确已经无法适应学校的工作需求，才会启动章程修订工作。修订工作启动后，要开会讨论修订内容，选取成员成立章程修订小组。修订小组经过会议讨论，将修订好的章程初稿交给党委（行政）办公室，党委（行政）办公室将学院修订的章程送呈上级教育行政部门审核通过后，方能公布实施。整

---

① 牛国林. 高职院校内部治理体系和治理能力建设研究 [J]. 船舶职业教育，2020，8（1）：59-62.

套流程烦琐复杂，所以，若非遇到客观情况，比如院校评估、上级检查等，不得不对章程进行修订，一般高职院校都不愿意启动这项工作。另外，部分来自政府或行业的领导人本身对院校的管理就不太熟悉，而修订章程这项工作在短时间里很难看到成效，导致有些领导人对这项工作不太重视，认为是"可有可无"的①。但是，章程修订的重要性不言而喻，它对院校各个阶段的发展都起到至关重要的作用，还能够调动师生的积极性，共同参与到高校治理工作中。

（二）民主管理意识淡薄，未能实现真正的多元化治理

想要提升高职院校的治理能力，就必须让学校的各利益主体都积极参与到学校内部的治理中。但是经过调查发现，虽然许多院校一直在提倡学校"民主管理"，为民主管理提供很多的机会，但不论是教师、行政人员还是学生，参与学校内部治理的意识都还非常的薄弱。目前，各利益主体参与内部治理最主要的方式依然是会议，就参与的情况来看，具有很强的"不确定性"和"不主动性"。为了提高教师和学生这两个利益主体的参与度，院校一般都成立了教代会和学代会。然而这"两会"通常只是形式上存在，并没有真正发挥作用，会议上的提案能否通过依旧是看领导层的意见，教代会和学代会只是走个过场罢了。这种情况导致了参与高校内部治理的利益主体成员变得非常的单一，主要成员就是院校各个职能部门的负责人②。利益主体太过单一导致看问题的角度也很单一，决策过程及结果较少体现基层意见。院校积极主动地为其他利益主体提供参与内部治理的机会，但教师和学生的参与度不高，根本原因还是在于教师和学生参与管理的意识淡薄。教师只想"踏踏实实"地工作，来校工作的目的是赚钱养家，觉得教师是"铁饭碗"，不愿意过多地参与到院校治理能力建设中。而学生只想努力学习，从小到大的成长环境让他们感觉院校治理能力建设这件事情距离自己太过遥远，认为那不是自己该管的事情。

从上面的分析可以看出大部分教师和学生都把自己看成是学校的"附属品"，教代会和学代会形同虚设，没有发挥出应有的作用。教师和学生是院校最核心的两个利益主体，然而这两个利益主体不愿意对院校治理提出意见和建议，缺乏主动性和积极性，在院校治理中的存在感很低，使得院校制定的部分

---

① 梁克东. "双高计划"背景下高职院校治理现代化的理性思考及实践路径 [J]. 中国职业技术教育，2020（1）：26-30，61.

② 黄茂勇. 组织内部营销：高职院校内部治理的范式转型与技术进路 [J]. 职业技术教育，2020，41（1）：49-58.

政策缺乏针对性和可行性。如今提倡院校多元化治理，除了教师和学生之外，多元化主体还应该包括政府、企业、教授等，院校想要真正实现多元化治理，领导层必须要学会适当"分权"，这样才能够充分调动各利益主体参与治理的积极性和主动性①。

二、治理形式方面存在的问题

（一）决策机制存在不足

高职院校决策机制的重要性不言而喻，直接影响着高职院校的未来发展。关于高职院校的决策机制可以从两个方面进行思考。第一，由谁来决策？在上文中提到许多高职院校都在扩招，事务性工作非常繁杂。那么，在如此繁重的任务下，究竟应该由哪个主体来做出决策呢？第二，如何做出正确的决策？高职院校的每一个决策都非常重要，决策过程力求民主化和科学化，希望每个利益主体都能够参与其中，因此院校需要搭建一个平台或者提供某个渠道，保证各个主体都能够参与其中。但是很显然，目前我国的高职院校的决策机制还达不到这个层次，还存在明显不足之处。

首先，具有决策权的主体太过单一。党委、教师、学生、企业等都是高职院校的治理主体，本来都应该具备一定的决策权和话语权，然而在实际工作中，拥有绝对话语权的依然还是党委和校长，其他治理主体的声音往往都被忽略了。在我国的高职院校治理能力建设中，由党委会和校长办公会行使决策权已经有很长一段历史，围绕这两种决策权还设立了具体的流程，现在以这两种决策权为主导的决策机制已经被全社会广泛接受②。相反，本来应该在学术事务上占据主导地位的学术委员会，反而在高职院校治理中的力量极为薄弱，存在感也很低。企业是高职院校的共同合作者，本来在决策事务中也应该占据着举足轻重的地位，尤其是在课程设计、人才培养方面能够为高职院校提供宝贵的意见，然而事实是企业除了在实训方面有些许存在感之外，在其他工作上几乎没有任何的话语权，而且企业本身参与高职院校治理建设的意识也不强。教师和学生在决策事务中更是"弱势群体"，他们的需求和意见几乎不被听见。虽然高校设立了教代会和学代会，想要通过这两个渠道传递意见，但事实是即

---

① 熊威，吴访升. 高职院校内部治理体系建设的困境及其突破［J］. 教育与职业，2020（1）：45-49.

② 陈明霞，吴一鸣. 混合所有制职业院校治理：理论梳理与反思［J］. 职教论坛，2019（12）：6-11.

便教师和学生提出了意见，最终被采纳的概率也很小。次数多了，教师和学生就不愿意再提意见，参与决策事务的积极性大大降低。

其次，院校决策无法保证民主性。如今，大部分高校的事务决策已经形成了固定流程，由一级学校的党委会和校长办公会联合二级学院的党政联席会共同召开会议，凡是院校重大决策事项都必须要经过这三个主要决策主体共同开会研究，会议通过后才能够执行①。在这个固定流程中，党委会、校长办公会以及党政联席会这三个决策主体的利益得到了保障，但是企业、教师、行政人员、学生的利益却并未得到保障，甚至在部分院校中教代会和学代会没有参与会议的权力。由此可见，目前的决策平台和程序还不够完善，不仅无法保证民主性，也无法保证其他主体参与和监督。这是高职院校面临的普遍问题，因此完善教代会和学代会的制度和流程变得至关重要，只有不断完善才能够让这两个决策主体真正发挥作用，参与到高职院校的决策流程中。

（二）内部执行机制存在不足

对于高职院校的内部执行机制必须要分两个模块进行论述：组织机构和流程管理。目前，高职院校内部执行机制的不足之处主要表现在以下两个方面：

首先，组织机构设置不够合理，导致职能部门在实际工作中出现工作交叠、管理对象重叠的情况。我国绝大多数的高职院校还是采用"校-院"二级管理模式，由一级学校设置各个职能部门，再由这些职能部门统一管理二级学院，对二级学院的具体工作进行安排和监督。而二级学院为了方便管理，可能又会设置自己的职能部门，这样就出现了职能部门工作交叉的情况，甚至还可能出现工作重复的情况。即便是一级学校管理中不同职能部门之间也可能出现工作交叠的情况，比如每年要开展教师职称评聘工作，该项工作由学校人事部门统一管理，但同时也需要科研、教务及学生工作等部门参与。这几个职能部门与教师职称评聘工作都有直接联系，若多个职能部门同时参与工作管理，就会使得学校的事务工作变得更加复杂，办事效率更加低下，本来只要一个部门审核的文件现在需要几个部门同时审核②。

其次，流程管理不够合理。流程冗赘是许多高职院校都面临的问题，如何在不影响决策效果的前提下精简流程、提高办事效率是每个高职院校都必须要思考的问题。流程管理问题之所以迟迟无法解决与科层制的组织架构有直接关系，自

---

① 高等学校的公法人地位研究 [M].北京师范大学出版社，申素平，2010
② 孙长坪.高职院校治理能力建设之维：治理体系+运行机制 [J].现代教育管理，2019（12）：87-92.

上而下的线性执行模式导致办事效率低下。学校的每一项决策都必须通知到职能部门，再由职能部门通知到相应的二级学院，再由二级学院依次向下逐级传递，等到基层收到通知时往往已经耽误了不少时间。现在许多院校已经意识到这个问题，有些院校已经开始尝试改革，精简办事流程，明确责任归属。

（三）架构功能存在不足

目前我国绝大多数高校采用的组织架构为科层制，这种治理形式虽然有优势，但同时也存在不少问题，最突出的问题就是人员冗余。综合型院校的特点是专业分类多、事务繁杂，涉及的要素也比较复杂，采用科层制组织架构能够对工作进行明确分工，并且由每一位专职人员管理专职工作，保证每一个事项都能够被安排和照顾到。专职人员熟悉工作岗位职责和工作内容之后，院校就能保证各个模块工作顺利开展。但是近年来各高职院校持续扩招，学生人数增加，教师数量也在增多，相应的行政人员以及后勤人员的数量也变得越来越多，事务工作变得越来越繁杂，对专职人员的数量和能力提出了更高的要求。如今高职院校工作治理已经形成了一个非常复杂的生态系统，院校为了保证生态系统能够顺利运转，不得不细化各个工作岗位的职责和工作内容，随之产生新的专职管理岗位。由于专职教师的教学科研任务普遍比较繁重，一些非学术性的事务工作只能安排给专职教师之外的人员处理。这虽然减轻了教师的工作量，但也产生了新的问题①。

第一，专职管理人员的定位不够清晰。专职管理岗的工作是带有行政性质的，有些院校官僚气息太严重，将专职管理人员的地位抬得太高，教师必须要看专职管理人员的脸色办事。明明是教学工作上的正常需求，教师还要低声下气、三番四次地请求帮忙。

第二，各部门之间的工作内容和权限重复交叠。专职管理岗设置得太细，虽然能够让教师从繁杂的事务性工作中抽身，但是也导致了各个职能部门之间的沟通变得更加频繁，尤其是人员冗余更容易导致不同部门之间工作内容和职责出现重叠和交叉。部门领导不知如何引导后续工作，将大量的时间花在协调和沟通上，导致工作效率更加低下。

第三，对学术发展造成限制。院校采用科层制组织架构使得管理者的理念也渐渐改变，思考问题时总是从"经济人"的角度出发。在"经济人"看来，

---

① 买琳燕. 欧洲高职院校治理结构的演变、要素和特征：以英国、芬兰和德国为例 [J]. 职业技术教育，2019，40（34）：73-79.

任何一个组织能够获得的资源都是有限的，绝不可能取之不尽用之不竭，在这种情况下做任何一个决定都必须要保证资源利用率最大化，必须要追求高效和经济①。但是如果将这样的管理理念用在专业管理中就会出现众多矛盾，专业研究工作耗费人力、物力和财力，并且需要一段较长的生长周期，很难在短时间内产出成果。这就与科层制的管理理念产生了极大的冲突，倘若对专业研究施加压力，那么研究工作者在高压之下容易产生不好的心态，急于求成、敷衍了事，甚至是直接放弃。

因此，科层制的管理理念从某种程度上来说使得学术权力可施展的空间变得很小。另外，科层制的另一个特点在于具有分割性，不同岗位之间工作职责和内容划分得很清楚。"工作细分"固然能够带来很多益处，但同时也存在弊端，会使得职能部门出现很强的封闭性。在同一个学院之间的专业交流机会较多，不同学院之间几乎没有任何交流的机会。增加专业互动、加强跨专业的合作已经成为院校未来发展的一大趋势，这种形式已经在全世界范围内推广，可以预见的是这将会成为将来学术创新的主要形式，也会成为院校发展的一大助力。现在，教师团队以及研究平台都已经对跨专业沟通表达出了强烈的需求，并且逐步开始相关的工作，比如资源分享和资源整合②。虽然目前不同专业之间的发展水平存在差异，但是打破不同专业的障碍和壁垒将是未来院校必须面对的问题。但是在科层制的管理形式下，想要打破重重壁垒、建立跨专业的合作机制存在很大的难度，因为科层制管理模式太过注重等级和制度，这在很大程度上约束了专业管理工作以及跨专业工作的开展。

"双一流"方案提出的目的是要将我国建设成为高等教育强国，同时督促院校良性发展，原来教育部对高职院校采用的考核形式比较单一，是将院校作为整体进行统一考核，采用的标准也比较简单，缺乏灵活性和科学性。在"双一流"方案中提出了一种全新的考核方式，即针对每个专业采用"单独考核"的方式，同时对高职院校治理能力建设的各个模块分别进行评价，最终将专业考核和模块工作考核进行整合，形成最终的考核结果。以往的院校考核工作将考核重心放在了院校建设上，对专业建设不够重视，现在新的考核方式大大提高了专业建设的地位，使得院校未来必须高度重视专业建设水平。

---

① 李丹，熊雅川. 高职院校由管理向治理转变机制创新研究［J］. 湖北成人教育学院学报，2019，25（6）：25-27.

② 宋一闻，刘晶晶. 治理语境下高职院校治理能力现代化的特征分析［J］. 连云港职业技术学院学报，2019，32（3）：66-69.

（四）信息化管理存在不足

信息化管理是未来的必然趋势，实行信息化管理是高职院校治理能力建设不可缺少的环节，也是国家和教育部门对院校发展提出的新要求。如今互联网技术迅猛发展，将互联网技术引入高职院校治理能力建设是非常正确的选择，将会提供更多样化的治理形式，还能够节省治理成本，提高治理效率。这些都是信息化管理能切实为院校带来的好处，然而实际情况却并不乐观。目前，我国高职院校在信息化管理方面还存在明显的不足之处，具体表现在以下几个方面：

其一，院校还没有构建信息化管理平台，缺乏规范的信息化管理机制。高职院校的信息化管理建设的整体水平不高，建设较为零散，目前，各高职院校建立的信息化管理模块主要为学生管理模块，而与院校系统治理相关的内容和模块还很少。这个现状表明了院校的信息化管理发展太过缓慢，甚至可以用"止步不前"来形容，这与未来的发展趋势相违背，若不进行及时调整将严重影响院校的治理能力建设①。

其二，信息化数据的作用还没有被完全挖掘出来。信息化管理模式是一种新型的治理方式，相比传统的管理方式它拥有更强的时效性和简洁性，更重要的是它能够保存庞大的数据样本。若是能够将教学工作中收集到的数据样本都录入系统中，对这些数据进行详细分析深入挖掘，将会从中收获大量的信息，这些信息将为院校的后续发展和改革提供指导。然而，现阶段各高职院校只是将平台数据作为参考，只发挥了数据的表层作用，并没有深入挖掘数据背后隐藏的巨大意义。

三、权责关系方面存在的问题

（一）"校-院"二级管理机制导致两级权责不统一且运行不顺畅

笔者通过查阅文献发现我国大约有一半的高校采用"校-院"二级管理机制，在学校章程中对学院的职能、权限以及制度等进行了明确的规定。"校-院"二级管理机制存在很多的优势，所以在过去的时间里也出现了不少优秀案例，高校通过这种管理形式使得治理能力得到了很大的提升。但是，随着经济不断发展，社会对人才和高校都提出了更高的要求，因此"校-院"二级管

---

① 陈正江，周建松.基于共同体理念的高职院校治理机制构建与实践［J］.高等工程教育研究，2019（5）：155-158.

理机制在某些地方已经无法完全适应高校的发展需求，呈现出不足之处。

首先，二级学院缺失了自主权①。我国许多高职院校"校-院"二级管理机制是直接复制本科院校的管理模式，并没有针对院校本身的特点进行相应的变革。对于一所已经成熟、稳定的高校采用"校-院"二级管理机制是比较合适的，但若是由中职院校转变而成的高职院校直接照搬这套管理机制就会出现很多的问题。因为"校-院"二级管理机制具有一定的理想性，在职能分配上二级学院主要担任的职责是人才培养、学生管理、专业研究等，而学校主要负责宏观方面的决策。要让二级学院充分发挥职能承担教研教学、学生管理等多方面的工作，就必须给予其一定自主权，比如自主经费使用、根据需求进行教师评聘、设立奖惩制度等，这样才能够充分调动教师和学生的积极性，顺利实现目标。然而，现在二级院校在上述工作中缺乏自主权，这些权力依旧牢牢把控在学校层面，没有给予相应的权力又要求二级学院完成相应的任务，实在有些强人所难。

其次，"校-院"二级管理机制缺乏保障措施。我国许多高职院校对于二级学院的管理并没有制定一套完整的保障制度，使得"校-院"二级管理无章可循，陷于一种混乱的局面，管理的随意性较强，治理水平不高。国内部门高职院校已经意识到这个问题对推进治理能力建设的重要作用，采取了积极行动推进"校-院"二级管理。如甘肃一所国家骨干高职院校为保障二级院校工作的顺利开展，在人事管理、学生管理、教师管理等多方面配套出台了一系列制度，使得"校-院"二级管理机制得以顺利实施和开展，同时取得了极其优异的成绩。

（二）内部权力配置失衡

纵观我国高校治理能力建设会发现大部分院校的组织架构存在高度相似性，即便是不同类型的学院采用的组织架构也几乎一模一样。换言之，目前院校所采用的组织架构无法具体反映出不同高职院校的办学目标和功能差异。当然，这与院校本身在目标和功能的设置上高度雷同有直接的关系。现在，不论是什么类型的院校都或多或少存在"攀高"的心态，高职院校普遍朝着升格为本科院校的方向努力。非"985""211"的高校努力要挤入一流行列，还未取得硕士学位点的院校想要尽快取得硕士学位点资格，而那些已经顺利取得硕士学位点的院校又想再上一层楼，朝着博士学位点资格继续努力。不同类型的

---

① 瞿凡. 高职院校治理研究的问题与对策 [J]. 柳州职业技术学院学报，2019，19（4）：38-41.

高校应该采用不同的组织架构，而且在不同时期架构应当随着发展战略不断进行调整和变化。每个高校的目标不可能一模一样，所以每个高校的组织架构也应当有所差异①。高职院校的核心任务是为社会和企业输送优质人才，然而，许多教师都将大量的精力放在科研工作上，许多学者都身兼数职，除了教书育人之外，还是实验室、研发中心的核心工作人员，要承担除教学以外的诸多事务，许多责任和压力都在基层组织和学者身上，权力重心并没有随着任务下放而往下移动，反而呈现出高度集权的状态。

当然，这个情况不仅只在我国的院校中出现，世界各国高校都面临着相同的问题，应该如何平衡行政权力与学术权力之间的关系成了院校面临的普遍问题。此外，为了保证党在高职院校治理中的领导地位，院校采用两套制度并行的管理方式，这使得整个管理体系和管理架构变得更加"臃肿"，流程太过繁琐，办事效率更加低下。更严重的是不少教职工心态浮躁，出现了浓厚的"官僚气息"，甚至将这种情绪传递给了学生，在学生管理当中也出现了官僚文化，严重影响了学生的健康发展。

四、资源分配方面存在的问题

（一）财力资源分配不均衡

高职院校治理能力建设离不开财力支持，对我国院校进行深入分析会发现目前院校对于财力的分配还不均衡，依然有许多不足之处。主要体现在以下两个方面：第一，学校与二级学院之间的财力资源分配不均衡。近几年来，许多高职院校都在进行大规模扩招，扩张的脚步从未停止过，院校认为想要吸引更多的教师和学生就必须要提高办学质量和硬件设备水平。这种想法无可厚非，但是院校的办学质量无法在短期内迅速取得成效，因此许多院校就只好调转目标，将大量的经费投入到学校硬件建设中去，希望通过硬件设施建设提高院校的知名度。从全年整体经费占比来看，硬件建设占据了最大的经费支出比例，而教学质量模块所花的经费占比很小，真正下放到二级学院的经费更是一再压缩。人才培养缺乏资金，学院无法评聘到优秀尖端的科研人员，科研建设跟不上需求，导致二级学院相关工作无法顺利开展，直接限制了二级学院的良性发展。第二，不同二级学院之间财力资源分配不均衡。现在，高职院校通常采用

---

① 刘兴凤，李营. 高职院校治理的 VRIO 视域：以广州铁路职业技术学院为例［J］. 南方职业教育学刊，2019，9（4）：13-18.

"划拨"的形式将经费分配到二级学院中，经费主要包括日常办公费、教学经费、学生活动经费等几个模块。在基础模块上每个二级学院之间划拨的经费相差不大，真正的差异在于专项经费上。由于专项经费是由学校对应的职能部门直接掌控的，二级院校想要获得专项经费必须进行项目申报。职能部门对收到的申报项目进行审批，审批通过后二级院校才能够收到专项经费。在一个年度内整个学校的专项经费是有限的，如何让有限的经费发挥出最大价值是职能部门必须要思考的问题。由于不同二级学院之间办学基础不同，有的院校成立年限久，拥有雄厚的办学基础和资源，而有的学院刚刚成立不久，教学资质和经验都尚浅。两个学院同时进行项目申报，资源丰富的学院自然更占优势，因此专项经费多数被资源多的二级院校申领。职能部门未能意识到二级学院发展需要保持"生态平衡"，习惯性地按照经验将经费投入有优势的二级学院，认为这样的决策能够给学校带来更多的荣誉和成绩。这样的想法不够有前瞻性，也不利于院校的长远发展，时间久了容易在二级学院中形成两极分化，资源雄厚的院校越发"强壮"，资源薄弱的学院难以发展进步越发"瘦弱"。一旦形成恶性循环对学校的整体发展非常不利，将会严重影响整个学校的办学水平。

(二) 物资分配不均且共享度过低

物资分配不均衡主要体现在以下几个方面：

首先，二级学院之间物资共享率低，出现了资源浪费的情况。高职院校实行"校-院"二级管理之后对物资资源也进行了分配，在硬件设备上各个院校都拥有教学科研设备且相对独立，但是二级学院之间各自为政，缺乏沟通和交流。在学校层面也没有一个专门的物资管理职能部门，而是将物资的管理工作分配给几个部门，相互协调、统筹管理。多个部门并行管理的劣势在上文已经详细阐述，这里就不再赘述，没有专属职能部门对各个学院之间的物资建设进行统筹，各个学院都只按照自己的需求制订发展规划，在一定程度上出现了重复建设的情况，尤其是在教学科研和教学设备上，造成了严重的资源浪费①。举个例子，每个二级学院都因为课程需要建立了多媒体教室，但是每个院校的学生人数不同，多媒体教室的使用率也不同。有些学院人员少需要使用多媒体设备的课程也较少，多媒体教室许多时候是空置的，并没有课程安排。而有些学院人员多且课程数字化程度高，几乎每节课都必须使用多媒体教室，经常出

---

① 黄茂勇. 高职院校校际共生治理的内外部动因与路径推演 [J]. 职业技术教育，2019，40 (19)：38-44.

现教室供不应求的情况。建设一间多媒体教室需要投入大量经费，空置的教室在某种程度上来说就是资源浪费，若是能够和其他的学院共建共享，就可以减少多媒体教室的数量，同时提高现有多媒体教室的使用率。

其次，二级学院之间物资分配不均衡。在上文中提到过即便是同一所院校，不同二级学院之间的办学基础是不同的，因此发展情况也有所不同。这不仅会导致学校在经费上分配不均衡，在物资分配上同样会往发展得更好的学院倾斜。因此，职能部门需要正视这个问题，并且进行适当的调整，否则将不利于高职院校长期稳定发展。

（三）人力资源配置往"行政化"倾斜

由于高职院校治理的重心偏向行政权力，人力资源配置往"行政化"倾斜严重。因为学校的职能部门拥有较大的配置权力，不必面对繁杂的教学科研工作，这对于教师来说存在很大的诱惑力，所以教师骨干都愿意往"行政"方向发展。甚至还有许多年轻教师一开始就是奔着行政工作来的，一旦行政工作上出现了人员缺口就会积极报名。"学而优则仕"是中国从古至今的传统文化观念，因为每个人的选择和需求是不同的，不必对这个想法进行过多的评判，但若是优秀教师都选择行政工作放弃教学科研工作，这会对教学工作产生严重的冲击[①]。另外，除了教师自愿选择管理岗位之外，还有些教师是"被"安排到管理岗位上的。学校的职能部门是极其重要的，直接关系到整个学校未来的发展，这些职能部门的管理人员必须要对学校的教学科研工作非常熟悉且具有相当的能力。那么，最合适的人员就是各个学院的教学科研骨干，于是学校就把这些骨干人员调往管理岗位。但是，教学科研骨干若是长期待在管理岗位上就意味着脱离教学一线，不仅对科研骨干自身发展不利，对学校长期发展同样不利。因此，如何平衡教师骨干在行政管理和学术管理之间的时间分配，也是高职院校必须考虑的问题。

五、监管机制方面存在的问题

（一）监督保障机制不够完善，民主监督不健全

在"双一流"建设背景下想要持续提高院校的治理能力，还必须依托完善的监督保障机制。院校的监督保障机制可以划分为两个主要模块：内部监督

---

① 赵朝琼. 教务管理走向教务治理：谈高职院校治理效能的提升之径 [J]. 才智，2019（17）：16.

保障以及外部监督保障。笔者在查阅了文献资料和优秀案例后发现，我国高职院校的监督保障机制中还存在一些不足之处①。

首先，外部监督保障机制缺乏第三方监督与评价。目前，高校的监督和评价主要来自全社会，依托信息公开制度和理事会制度搜集监督与评价信息。表面上看来高职院校接受了全社会的监督，但实质上很难真正接受来自个人或是组织的实质反馈意见。一则社会监督意识还比较薄弱，二则普通群众的声音很难被听到，缺少传达途径。因此，高职院校外部监督保障机制缺乏明确的第三方监督主体，也没有办法收到客观真实的评价，这方面的工作还需要继续完善。

其次，内部监督保障机制的监督渠道并不通畅。学校内部存在不少民主监督组织，比如教代会、学代会等，虽然都设立了相应的制度，但是这些制度往往流于表面形式，并没有真正发挥监督作用。这与多方面的因素有关，教代会成员在院校管理中参与度本身就不高，因此很难看到深层次的问题。另外，教代会的地位和影响力并不高，所提出的意见经常被忽略，时间久了教代会的民主监督机制就形同虚设。而学代会在院校管理中的参与度就更低了，其监督作用更为有限。这与学生过去接受的教育有直接关系，许多学生认为院校管理是校方领导的事情，学生不具备发言权，也不是学生该管的事情。此外，学生将重心放在学习或者其他的事情上，对于院校治理也没有太多的兴趣。总而言之，在内部监督保障机制上，监督渠道太过单一且不够通畅，还需要进一步加强民主监督。

（二）评价机制还未健全

"校-院"二级管理模式下，评价机制不仅包含了对各职能部门的评价，也包括了对二级学院和教职工的综合评价。但是目前高职院校的评价机制尚未健全，许多院校都太过看重分配制度改革，对评价体系又太过轻视，这就导致了整个评价体系严重失衡，不够客观也不够科学。许多高职院校都对各个职能部门以及二级学院制定了明确的考核制度，但是这些考核制度本身也不够完善且还存在一系列问题，比如：可量化的考核项目不多；定性考核和定量考核几乎都是分开的，并没有将两者很好地结合起来；在定量考核中关键性成果占据的权重太大；部分指标太过注重"量"，却忽视了"质"；考核指标太过统一，并没有办法体现出工作的难易程度；考核指标不够灵活，针对不同的职能部门

---

① 金泓，胡永甫．民办高职院校内部治理能力提升路径探析［J］．西部素质教育，2019，5（11）：105-106.

运用同一套考核制度；等等①。

另外，还有部分院校没有设立规范的全校考核评价制度，由各个职能部门对各项工作进行相应的检查和评价，这种考核形式增加了二级学院的工作负担，工作完成后需要给多个职能部门同时提交考核资料，不同职能部门收到的考核资料还可能出现偏差。再者，对教职工的个人评价也缺乏科学性和灵活性，不同岗位的人都采用同一套标准，无法凸显出个人工作特色。这样的评价体系并没有体现出"个性+共性"共存的特征，表面上看来考核体系一直存在，实际上考核更多只是流于形式，难以发挥实效。

第四节　高职院校治理能力建设中存在问题的成因及影响因素分析

一、高职院校治理能力建设中存在问题的成因

（一）管理理念

想要提升高职院校治理能力，首先必须树立正确的治理理念。在高职院校过去的发展历程中之所以会出现上述问题，其中一个重要原因就是还未树立现代化的高职院校治理理念。只有树立了现代化的高职院校管理理念，才能够按照更加科学先进的方法对高校进行治理。那么，何为现代化的高职院校治理理念呢？这是指以现代化的企业管理理念为基础，结合高职院校本身的规律和特性，将二者有机结合起来而形成的一套新的系统化的科学治理理念。高职院校必须要客观看待传统管理理念，承认有些内容已经无法适应现代经济发展，接受新鲜理念并加以合理利用，这样才能够实现"管理创新"②。传统管理理念与现代化治理理念的差别，主要体现在以下几个方面：

第一，缺乏人本管理理念。西方优秀的高职院校在学校管理中都引入了"人本管理"理念，在实际教学工作中时刻秉承"以人为本"的原则。然而，在我国的高职院校治理中许多时候还是采用"以物为本"的管理理念，并没有将"人"放在治理的核心地位，很多工作也不是围绕人展开的。比如，在

---

① 孙长坪. 高职院校治理能力建设的运行机制建设路径 [J]. 教育理论与实践，2019，39（15）：24-26.

② 孙长坪. 高职院校治理体系建设的应然与实然比较 [J]. 职教论坛，2019（5）：149-154.

人事管理上还是以"事"为中心，在教师的价值评价和激励机制中也没有体现出以人为本的理念，还是看重事情办得如何。

第二，缺乏现代化决策机制。现代化决策机制是融合了信息、咨询、执行和监督四大管理系统，将四个环节进行有序协调，最终通过系统分析产生科学决策的新型决策机制①。在目前我国的高职院校管理决策机制中，绝大多数还是依靠经验来决策，在决策之前没有进行信息查阅以及信息咨询，在执行过程中监督反馈机制也没有发挥作用。高职院校对于现代化决策机制中的四个环节还感觉非常陌生，最终导致信息、咨询、执行和监督四大管理系统并没有真正融入院校治理中。

第三，对"治理"的认识存在偏差。传统的院校管理理念或多或少会将"管理"等同于"控制"，而管理者也总是想要通过控制被管理者的言行举止来达到最终的管理目的。在院校的现代治理工作中，管理者必须充分认识到治理的重心在于实现资源的合理分配，而不是控制人。这里的资源不仅仅只是财力，也包括了人力和物力，只有将这三种资源进行合理调配，才能最大限度地发挥出它们的价值。在现代化的院校治理理念中，治理的最终目的是给广大师生提供更加优质的服务和资源。若用具体的事物来比喻，那么管理者就像是服务器，而师生就像是客户机，服务器随时等候客户机发出的申请并及时给予应答，同时服务器还为客户机提供信息共享服务。如果院校中的管理者不能及时转变思维，明白"管理"的核心并不是"控制"，依旧牢牢掌控资源，那么资源配置不合理的情况依然会反复出现。

(二) 历史成因

回溯我国高职院校的发展历史，许多院校都是由普通中专、职业大学或者成人高校发展而来的，有些是独立升格为高职院校，有些是通过几所学校合并共同升格为高职院校。虽然现在看来许多高职院校都发展得非常不错，尤其是近几年持续扩招，院校的硬件设施修建得更加完善，给人焕然一新的感觉。但院校不论在物资上多么富足都必须承认自身管理基础始终是薄弱的，因为办学起点普遍偏低，加上许多高校成立的时间很晚，没有丰富的管理经验和办学经验作为支持。在领导体制方面，许多院校依然还在沿用"家长制"的管理模式②。升格而来的高职院校原来多是采用"校长负责制"，由校长做出决策之

① 何文波，刘建强. 高职院校治理体系与治理能力现代化建设的思考：以湖南省为例 [J]. 湖南社会科学，2019 (3)：168-172.

② 王晓辉. 教育决策与治理 [M]. 教育科学出版社，2010.

后交由行政体系具体执行，党委会的主要作用是保证所有决策的大方向和政治核心不变，在行政体系执行过程中起到监督保障的作用。

由此可见，党委会对院校的许多决策只是停留在监督保障层面，缺乏实操经验。升格为高职院校之后，决策体制和领导体制发生了变化，转变为党委领导下的"校长负责制"，党委不再只起监督保障的作用，必须要参与每一项决策的制定。过去是校长的个人决策，现在变成了党委会和校长共同参与的集体决策，因此校长不能再和原来一样，一人独自决定，每一项决定都必须通过会议探讨研究产生。但是受到过去工作思维和模式的影响，不论是党委还是校长对党委领导下的"校长负责制"这一体制还没有清晰的认识，不少院校还是沿用过去的决策方式，有些党委成员意识到了必须变革，但是依然还是墨守成规，不愿意做出改变，因为变革后需要重新花费时间和精力去适应。这就导致了许多决策贯彻不到位，出现了行政权力和政治权力失衡的尴尬情况。

在管理模式方面，在没有升格之前多数院校都是采用"一级管理"模式，基层没有系统的职能部门，也没有配套的管理制度，院校的管理比较随意且简单。升格之后变成了"校-院"二级管理模式，这种模式对学校和二级院校来说都是非常陌生的，它们对管理模式没有系统的认识，在管理上也缺乏经验。随着学校规模不断扩大，一级管理模式已经明显无法适应学校的管理需求，于是院校开始主动推进二级管理模式，然而在实际推行工作中遇到了很多难题。首先，这么长时间以来的工作思维和模式很难在短时间内就迅速调整，而且管理者对原来一级管理模式也形成了依赖性。其次，高职院校采用的二级管理模式本身也是照搬本科院校的模式，在改革过程中并没有结合学校自身特点做出相应的变革，导致改革方案与学校的匹配度偏低。再次，领导者缺乏二级管理模式理论知识，管理者缺乏实践经验，行政人员和教师保持惯性思维不愿做出改变，种种原因导致了高职院校管理体制改革效果并不尽如人意，并且在整个改革过程中产生了许多新的问题[1]。再者，早期学校对管理人员聘用没有那么严格的要求，导致院校在升格之后管理人员的素质和管理水平偏低。早期的管理人员没有接受过专业培训，针对自身岗位也没有进行系统培训，在后续的工作中这些人员缺乏发现问题和解决问题的能力，对于自身工作无法进行独立思考，专业性偏低，对院校的决策执行力不足，影响了院校整体工作效率和氛

---

① 毛俊，孙长坪. 对地方高职院校治理能力建设的思考：基于对长沙市高职院校治理能力建设现状的调研 [J]. 教育科学论坛，2019（9）：11-14.

围，无法达到预期的效果。

（三）文化成因

在我国的传统文化中，一直都有"官本位"的思想存在，"万般皆下品，唯有读书高"这句为人熟知的句子正是这一文化思想的真实写照。所谓"官本位"思想是指以官为本，一切都是为了官，一个人一生的终极目标和成就是顺利当上了官。在古代衡量一个人的价值和成就的方法很简单，标准也很单一，就看这个人是否当了官以及当了多大的官。官位越大，当官时间越长，就代表这个人的终身价值和成就越高。长期以来这种思想已经慢慢渗透到了各个领域中，在政治、经济、社会等其他领域都有行政级别的"影子"。在老一辈人的观念里走上仕途才是正规工作，进入官场当上公务员不仅能够光宗耀祖，还拥有了"铁饭碗"，所以每年公务员考试竞争压力越来越大。由此可见，"官本位"的思想已经成了老一辈人传统价值中不可分割的一部分，这种思想和价值观已经从上一辈人延续到了年轻一代人中，虽然不如上一辈人那般吹捧当官，但是"入仕"的思想依然流行。

高职院校作为社会组织之一，不可避免地也受这种思想的侵袭，再加上学校工作本身就有政府的参与和干预，因此"官本位"思想也渗透到了学校管理中。行政机构掌握着学校的大量资源，而学术权力难以得到保障，想要认真做学术的教师很难发挥出价值①。行政人员拥有一定的权力，许多优秀的教师更愿意往行政岗位发展。在西方国家的院校中占据主导权力的是大教授，行政工作是为了配合学术工作展开；而我国则相反，行政权力占据主导地位，挤占了学术权力的地位。即便不与国外的高职院校相比，就与我国的本科院校相比，高职院校的学术氛围也明显偏弱，而且高职院校中本身高层次的教授人数就偏少，使得学术权力进一步被削弱，学术权力想要参与院校治理就变得更加困难。因此，行政权力和学术权力失衡，从某种程度上来说与我国"官本位"的传统思维有一定的关系。不可否认，我国在历史上属于"集权"国家，因此长期以来"集权主义"文化也从未消失过。虽然后期发展中提出了"分权制衡"的理念，但由于在历史发展历程中缺乏经验，这一理念的发展极为缓慢，成果也不显著。高职院校采用的"校-院"二级管理模式从本质上来说就是"集权与分权"的管理模式，想要让二级学院发展起来，学校就必须要有

---

① 许跃. 依法治校视角下高职院校治理能力探析［J］. 教育与职业，2019（6）：33-37.

权力让渡的准备，如果权力始终集中在学校层面，二级学院的发展将会步步受限①。然而，受到"集权"文化的影响，学校的管理者对于"分权"始终有些顾虑，表面上看来给予二级学院足够的权力，实际上财政、人事、学生管理等重大事项的决策权依然集中在校级，最终导致了二级学院的责任、权力和利益不一致的情况出现。

（四）环境成因

高职院校治理能力建设中出现的问题与大环境也有着密不可分的关系，我国的教育管理体制约束太多，许多东西都在政府管辖范围内，学校并没有足够的自主权。教育资源如何配置，学校没有话语权，由政府统一管控，各类办学经费投入以及项目经费也都由政府统一配置。目前，我国捐资助学的相关法律法规还未完善，虽然有部分高职院校接收了企业的捐助，但毕竟占少数，绝大多数经费来源还是依靠政府拨款。一直以来高职院校努力推行校企合作制度，但是进程也很缓慢，缺乏制度保障和法律保障。而且，一直以来社会对高职院校的重视度就偏低，相比本科院校高职院校接收的捐助要少得多，再加上高职院校的社会服务能力也偏弱，导致经费方面被管控得更加严格。

在这种情况下，高职院校不知不觉中就变成了政府的"附属品"，失去了办学的自主权。内部管理模式是政府下令，学校传达并执行，学校例会的主要内容是讨论如何更好地执行上级文件中提到的事项，如何更好地落实上级精神，或者是如何能够争取到政府提供的各个项目。学校失去了决策权，被政府牵着鼻子走②。另外，我国的教育机构非常庞大，设置了各个职能部门，为了能够尽力争取到政府项目和优质资源，更好地配合政府部门工作，学校的行政岗位必须要进行适当调整才能做到"上下对口"，这导致了学校行政系统权力变得更大，权力高度集中在校级层面。在这种体制环境下，学术权力被弱化得太厉害，很难发挥出真正的作用，最终导致坚守在学术领域内的骨干教师大量流失，这也就能够解释为什么许多高职院校的行政权力和学术权力都处于失衡的状态。

在"双一流"建设背景下高职院校治理能力建设体制改革必须要依靠教育法制的建设，然而现阶段我国教育法制建设还存在不足之处，不足以跟上高

① 林业宁. 一流高职院校建设背景下的现代大学治理能力提升路径：以广州民航职业技术学院为例 [J]. 广东交通职业技术学院学报，2019，18（1）：106-109.

② 赵建保，刘琳. 高职院校专业治理体系与能力建设研究 [J]. 广东农工商职业技术学院学报，2019，35（1）：39-42.

职院校改革发展的步伐。目前我国采用的依旧是 1998 年颁布的《中华人民共和国高等教育法》和 1996 年颁布的《中华人民共和国职业教育法》，这两部法规已经无法适应高职院校现下的发展形势，存在严重的滞后性，所规定的内容也太过宽泛和笼统，在管理机制、保障机制、合作机制等许多方面都缺乏明确的规定。若从宏观方面考虑，高职院校治理能力建设或多或少也受到市场经济的影响。不论是民办高职院校还是公办高职院校，治理结构通常都是伴随经济发展出现的，也会随着市场经济的变化而发生变化，还会在市场经济的发展中不断完善①。在发展初期许多院校的规模都不大，这个时候管理层和领导层的人员配置都比较简单，院校的组织架构也相对简单，各个职能部门之间的沟通也比较顺畅。在初期可能人员没有那么专业，流程不那么完善，但是也能够顺畅地运转。随着市场经济不断发展，院校的规模不断变大，此时就要求教育必须要变得更加专业化，流程必须要变得更加规范化。流程细化就必然要求院校的财权、管理权、决策权、经营权等都进行合理分离，引入专业的管理模式，这样才能够加强院校的市场竞争力，保证院校的持续发展，让院校实现最大价值，为社会贡献最大利益。

二、高职院校治理能力建设的影响因素分析

（一）内部因素

首先，高职院校的决策信息存在不对称的情况。虽然高职院校召开会议的时间会提前定下来并告知与会者，但是因为领导人员本身工作繁忙，每个人所处的工作岗位也各不相同，因此经常会出现无法全员参加会议的情况。另外，由于每个领导人员负责的模块不同，在工作中所获得的信息也不同，对自己负责模块的工作比较了解，但是对于其他模块的工作就比较陌生。在这种情况下许多领导人员获得的信息具有局限性，对学校的整体工作情况并不了解，因此做出的决定缺乏客观性、针对性和明确的指向性，从可行性和有效性方面考虑这两个指标也都偏低，对学校的长期发展非常不利。

其次，决策水平偏低。高职院校的领导层人员构成非常单一，通常都是学校各职能部门负责人以及二级学院的主要管理人员，管理和决策是同样一批人，容易造成思维闭塞。他们在院校治理中不论是所看到的问题，还是思考问题的角度都非常相似，决策视野太过狭窄，导致做出的决策存在局限性和封闭

---

① 侯妍竹，孙长坪. 以品牌建设提升高职院校治理能力 [J]. 教育科学论坛，2019 (6)：25-28.

性，最终影响了决策的科学性。另外，许多院校的领导人员年龄结构也都比较相似，并且平均年龄偏高。虽然这些人员拥有丰富的院校管理经验，但是接受新鲜事物的能力偏弱，创造力和灵活性不足。若是想要打破这一困境，领导层必须要接收新鲜血液，慢慢接纳年轻优秀的人才，然而许多院校都对"纳新"一事非常避讳，拒绝年轻人才的加入，认为这会打破原有的"平衡"。所以，许多院校的领导层结构是不科学的，若院校无法意识到这一点并且做出改变，那么未来也会导致院校发展受阻①。对领导人员的知识结构调查分析发现，接受过专业培训和学习的人才并不多。院校的领导人员缺乏专业性，真正教育学、心理学、管理学等科班出身的人员偏少，若是人员不及时进行更替，将会成为院校治理能力建设发展中的另一个制约因素。

最后，领导层和管理层目标不一致。我国的高职院校办学存在独特性，导致了学校的领导层和管理层有时会出现目标不一致的情况，最突出的表现就是在学校管理目标这个模块上。领导层最关心的是学校如何实现利益最大化，尤其是在民办高职院校中，领导层关心学校如何为他们争取最多的经济利益；然而对于管理层而言，他们更看重学校的声誉、学校为社会做出的贡献以及全社会对学校的评价。领导层在制定目标时往往考虑的是如何在短期内快速获得收益，而管理层更希望能够为社会输送优秀人才，将主要精力放在教学质量上。这样的矛盾出现在院校发展的各个阶段，举个例子，院校进行招生时领导层希望在计划范围内尽可能多招收一些学生，至于学生的基础成绩如何、学习能力如何、专业是否对口，这些都不重要。但是对于管理层来说，他们希望能够招收素质高基础好的学生，这样更有利于后续教育，同时也能取得更优异的成绩。领导层和管理层的目标不同，导致两者之间产生了许多矛盾，领导层常常运用权力对管理层施压，使得管理层被迫按照领导层的想法来完成工作。这些矛盾并没有真正得到解决，而是一直累积着，时间久了管理层就容易产生倦怠情绪，出现消极工作的状态，不利于院校的持续发展。

（二）外部因素

1. 相关法律法规体系不健全

法律法规体系不健全，不论是对领导层还是对管理层的工作都会产生巨大的影响。尤其是由多所学校合并升格而成的高职院校，原本参与决策和管理的

---

① 邢晖，郇琦妹，王维峰. 高职院校内部治理结构现状及优化研究 [J]. 国家教育行政学院学报，2019（2）：31-39.

人员就比较多，在升格之后治理形式和结构必须要依托法律法规才能得到约束。但是，我国在立法方面还存在许多不足，有明显的缺陷。

其一，表现在学校决策层和管理层人员的准入条件不够明确，还没有完善的规定和制度。虽然我国现行法律对高职院校的领导层和管理层人员的职责和权力有规定，但是还缺乏一套详细的规定。现行法律对于院校领导层和管理层人员的作用以及权责这个模块进行了较为详细的阐述，但是对于人员架构的相关规定还不够详尽，有许多细节之处并没有详细说明，比如对在院校领导层选举时应该采用什么样的方式，是否需要遵循"避亲"原则，选举的具体流程以及人员构成比例等都没有明确的规定①。

其二，表现在对领导层和管理层的要件规定还不够完善。现行法律对于领导层和管理层人员任职资格的积极要件进行了明确的规定，但是任职资格还有另外一个组成部分——消极要件，现行法律却没有相关记载。其实，从某种程度上来说任职资格的消极要件与积极要件具有同等重要性。有些行为在领导层和管理层中是明令禁止的，必须要明确告知，这样才能够对相关人员起到约束作用，也能在一定程度上保证领导层人员和管理层人员的素质和能力不会出现太大的差距，避免出现沟通障碍，也能够减少不必要的矛盾。

其三，表现在对高职院校的性质没有进行明确的划分。我国的高职院校可以分为两大类，即民办高职院校和公办高职院校；若按经济属性划分可分为营利性高职院校和非营利性高职院校。但是在我国现行法律中，对营利和非营利的记载相对模糊，不够清晰。《中华人民共和国高等教育法》和《中华人民共和国教育法》规定高职院校是不以营利为目的的教育机构组织，这个规定说得太过笼统，并没有对具体行为进行详细论述。比如，究竟院校中的哪些行为属于营利性行为，哪些行为属于非营利性行为，不同的人很可能就产生了不同的理解，导致在不同的高职院校中对于同一件事情的处理方式是不同的。但是，如何界定院校的行为是否都合法合规比较困难，因为目前还缺乏统一的标准②。

其四，表现在对于高职院校的"合理回报"没有明确规定。根据我国目前的现行法律，民办高职院校扣除运行成本和发展基金之外，如果学校还有剩

①　罗怡. 权力清单：完善高职院校内部治理结构的新路径［J］. 文山学院学报，2018，31（5）：100-103.

②　赵惠莉. 基于利益相关者理论的高职院校治理结构研究［J］. 江苏经贸职业技术学院学报，2018（5）：49-52.

余收益，那么投资者可以根据规定获得对应比例的回报，这属于"合理回报"，是合法合规的。然而，学校的运行成本究竟应该如何界定呢？哪些费用是必须要提取的相关费用呢？投资者是否有可能为了获得更多的"合理回报"而故意克扣院校的日常运行成本？"合理回报"究竟应该以怎么样的形式回馈给投资者？对于这些问题法律法规都还未做出明确的定义和规定。

其五，在终止办学方面也还有许多内容缺乏明确规定。比如，院校申请终止办学后需要进行债务清偿，待清偿完毕后若仍有财产剩余要"依法进行处理"。具体是如何处理，对于清偿后仍旧剩余的财产，目前还没有一个明确的处理方法，也没有明确的归属。这让投资者感觉自己的权益无法得到保障，影响了投资办学的积极性。

2. 监管机制不健全

在走访和调查中发现，许多高职院校的领导层和管理层行为并不规范，除了与院校自身有关之外，与教育部门和政府的管理较松也有着密不可分的关系。地方教育部门与高职院校容易产生矛盾，比如教育部门对院校的招生问题都比较关注，但是也因为太关注了就容易出现过度干涉的情况，导致教育部门与院校招生办出现意见不合。在行政工作方面，教育部门和院校的管理层沟通比较频繁，然而教育部门对于院校的领导层乃至董事会的情况却知之甚少，甚至连董事会是否存在、如何运转、目前的发展情况等基本信息都一无所知。政府和教育部门对院校领导层的工作并不关心，也没有起到监督的作用，这让领导层和董事会成员经常按照自己的意愿和喜好来办事，有时所做出的决定根本就不合适。但是各职能部门也依旧按照指令执行，直到指令执行完毕都没有人告知政府和教育部相关人员。领导层和董事会是院校的直接决策组织，关系着整个院校的未来发展，若没有政府和教育部门对其实施监督，那么就可能出现行为不规范的情况。如今，高职院校的竞争越发激烈，想要在市场下生存发展，必须要在严格遵照国家法律条规的前提下寻求突破和创新。

过去，政府和教育部门对高职院校的监督不够，监督机制也尚未健全，这是后续需要不断完善之处。一直以来，党委和政府部门对高职院校的监督比较少，使得许多工作长期处于滞后的状态。高职院校的基层组织、校长、决策层、管理层、董事会等不同的组织之间难免会存在矛盾，多个主体之间的协调制度还很缺乏。为了保证高职院校发展不偏离社会主义办学方向，必须要依靠党中央的指挥，加强院校的党建建设工作。在20世纪90年代初期，当时许多院校刚刚恢复或者刚刚成立，还处于发展初期，数量相对较少，从那个时候开始党委部门对于高职院校工作的认识就比较缺乏，对于院校的党建工作更是缺乏全面的认识，在过去的发展历程中与之相关的实践经验几乎没有。在那个时候高职院校的党建工作可以说是一片空白，一直到 20 世纪 90 年代后期我国的高职院校数量逐渐增多，规模也慢慢增大，开始引起了社会各界的高度关注。

20 世纪 90 年代后期是我国教育事业发展的重要时期，从那个时候开始党委和政府部门对高职院校的重视度慢慢提升，开始要求院校必须要开展党建工作。针对院校的不同情况，各个地区的党委和政府部门分别制定了一些规范、政策和制度，要求院校必须要将党建工作落到实处。当时，一线城市率先开始开展党建工作，在一线城市的带领下其他区域也紧随其后逐步建立了党委组织。经过这么多年的探索和实践，现在不同地区高职院校的党建工作水平可以说是参差不齐，各个地区和院校之间存在很大的差距，需要党委和政府部门加大管理和监督力度。

3. 激励机制不健全

从 20 世纪 90 年代一直到现在，我国高职院校已经经历了 1~2 轮分配制度改革，现在大部分院校采用"内部津贴"制度，即教职工薪资由三个部分组成：国家工资、校内津贴以及地方津贴。若地方经济发展较好，可能还有些其他额外福利。通过与高职院校的教职工沟通发现，目前大部分教职工的收入尚可，但是对工作的整体满意度却很低。之所以会出现这样的情况，与校内津贴有很大的关系，院校并没有利用好这一资源，总结起来还是激励机制不够完善，无法充分调动教职工的积极性。

首先，院校没有处理好"效率"和"公平"这一组关系。在哲学上"效率"和"公平"被认为是矛盾的统一体，两者之间是辩证统一的关系。在 20 世纪 90 年代也就是高职院校的发展初期，当时统一认为要"效率优先"，在保证效率的前提下"兼顾公平"[1]。后来，大家慢慢意识到这个理念不对，于是开始逐步转变，一直到现在转变成为提倡"社会公平"，这说明我国的分配制度原则和指导思想都发生了巨大的变化。如今，高职院校在快速发展，不仅教学任务重，还面临着市场竞争压力，为了充分调动教职工的积极性，全身心投入到教学工作中，许多院校都建立了"多劳多得"的激励机制。在注重社会公平的大环境下，这种分配机制有优势，但是也存在劣势，它会加剧教职工之间的矛盾，甚至激化矛盾。教职工看到自己的薪酬与其他人差距较大，难免

---

① 杨文治. 高职院校治理能力现代化关键问题及对策探究 [J]. 智库时代，2018 (34)：240+298.

心理不平衡，容易对工作产生抵触情绪，不愿意服从院校的安排，使得院校在人事工作上的压力骤增。有的院校为了解决这个问题，校内津贴不与工作绩效挂钩，反而与教职工身份以及工作岗位挂钩，即相同岗位的人分配同样的校内津贴。这种方式虽然保证了"公平性"，但是严重打击了教职工工作的积极性，不论工作成绩如何最终领到的津贴都是一样的，既然这样那工作只要差不多就可以了，这种思想严重影响了院校的工作效率和前进步伐。

其次，目前绝大多数高职院校都采用物质激励，其他方面的激励比较缺乏。其实，教职工对工作的满意度不仅与薪酬有关，而且与工作认同、晋升空间、工作环境、成长空间等都有关联。只依靠物质激励还不够，必须要建立配套的激励政策，比如提供晋升机会、培训机会、出国交流机会、学术研讨会机会等，对于工作优秀的教职工可以进行工作表彰，给予认可和精神激励。就目前的情况来看，高职院校激励方式比较单一，部分院校为了维持教职工内部的公平与和谐，甚至还会采取"轮流制"，即只要不出现严重失职，每个人轮流评奖，领取奖金及津贴。另外，部分高职院校长期以来一直采用物质激励，导致部分教职工太过注重个人利益，甚至出现了"拜金主义"现象，功利心太强。使得整个院校都变得有些浮躁，大家片面看重眼前利益，没有为院校的长远发展考虑①。总的来说，现有的激励机制太过单一，非但没有对教职工起到正向激励作用，还给院校带来了一些负面影响。

---

① 郭孔生，许长青. 以供给侧改革深入推进民办高职院校内部治理 [J]. 教育与职业，2018（15）：83-90.

第四章 构建符合"双一流"建设要求的高职院校治理体系

从治理理论的角度出发，治理主要是指多元主体通过资源整合与多层级之间的互动沟通，并运用各种路径对当前环境与社会关系进行治理和调整，以促进社会实践的发展，从而实现治理目标的方式方法。而在"双一流"建设要求的背景下，高职院校构建治理能力的过程则是指高等教育办学主体和管理办学主体，以及在高校治理能力过程中所涉及的参与者之间的互动以及沟通。在这个过程中，所涉及的治理内容主要包括办学目标设定、学校管理方向、学校环境建设、专业设置以及师资力量的引进等内容。高职院校治理能力建设的体系也包括这些层面，但同时高职院校治理能力体系的建设也受到现有教育体制及社会结构的影响，表现出独特性。具体来说，高职院校能力体系的建设主要表现在两个层面，第一是对内治理能力建设，第二是对外治理能力建设。

对内治理能力是指学校管理人员通过对校内资源、课堂环境、课内教程、课外活动以及思想政治教育的内容进行布局与安排，使学校整体的发展与教育的目标相契合，完成"双一流"建设目标。对内治理能力更多强调实践内容的构成以及具体内容的教育。实践内容更加具有可操作性与现实性。从这一层面来讲，教育内容的细节性与延展性取决于周围环境以及现有的资源配置①。在对内治理能力的建设过程中，物质层面的实践要素与思想层面的实践要素具有决定性的作用。缺乏物质实践资料，无法提供相应的物质保障和物质技术，那么校园环境以及校园基本建设则会大打折扣。所以对内治理能力的提升要注重物质资源的合理配置以及思想目标的正确设置，只有在物质和精神两个层面同时保持一致或和谐形态的情形下，"双一流"建设背景下的高职院校治理能力建设体系才能更加完善。

---

① 王诗宗. 治理理论及其中国适用性 [M]. 杭州：浙江大学出版社，2009.

对外治理能力则是指高职院校利用其所具有的社会影响力和资源与政府、社会机构进行互动交往，促进管理和教育的发展。这一层面的治理能力主要体现在学校定位、人才培养以及师资力量引进等方面。在这个过程中，政府对学校的整体目标以及学校宏观层面的规章制度与政策法规进行调控。

高职院校在对内治理能力建设和对外治理能力建设过程中通过利用校内资源、校外力量，使这两者之间形成合力共同促进高校"双一流"治理能力体系的建设与发展①。

高职院校治理能力的建设与发展离不开现代化的社会结构以及社会互动关系。在这一过程中，高职院校要充分利用现代化思维使学院的建设能够保持先进性与时代性，在学校管理、课程设置、学生引导、思想教育等层面运用科学规则和原理，充分采用合理的治理模式与治理结构切实推动学校内部与外部治理能力的建设。高职院校治理能力的建设是我国教育现代化战略发展的重要组成部分。它能够使高职院校利用先进的教育理念和教育手段培养优秀人才，传承社会文化，不断将理论知识与科学技术成功转化为社会实践，为国家振兴和发展发挥重要推动作用。

第一节　宏观政策层面

在依法治国的战略背景下，我国的现代教育事业发展也开始了法治化的进程。高职院校的建设与发展离不开法治化的理念和治理能力现代化。高职院校要以现有的教育体制和教育理念为基础，不断建构与当前社会潮流相一致的教育目标和治理体系，因此高职院校在"双一流"建设背景下，要完善各项制度建设。健全的法律法规为高校治理能力的建设奠定了坚实的基础，使高职院校治理能力的建设更加公平、正义和程序化、合理化。

一、进一步厘清政府、学校的关系

治理理论强调管理主体规范与调整管理客体必须在合法的框架内进行，这是行为主体活动所遵循的基本原则，也是治理理论的核心逻辑。高职院校治理能力建设也需要在合法的框架内进行。高职院校治理能力的建设中，政府要对

---

① 刘爽. 民办高校法人治理结构研究［D］. 长春：吉林大学，2020.

高职院校进行政策支持，确保高职院校能够依法建设校园环境，维护教育结构的稳定。在管理高校的进程中，政府要制定相关法规，保证高职院校在建设和治理的过程中能够有法可依。我国高等教育相关法律法规的建构经历了由简单到复杂的过程，法制法规的建设并不是一蹴而就的。从系统层面来讲，我国的教育法制法规已涵盖各个层面和维度，明确了在教育的过程中教育主体与教育客体之间所要履行的责任和义务，同时也规定了教育目标与教育指导思想①。从这一点来讲，高等教育法律法规的建设所具有的全面性与动态性，能够帮助高校在教育实践中不断调整管理方法与教育方法，使教师、学生以及高校工作人员能够在法制化的规范管理进程中团结和协调，进而保证高校管理工作和日常工作的秩序化。从法制化的层面来讲，我国高等教育法制体系已经涵盖学位教育以及培养过程的各个层面。它对教育管理的细节和实践标准进行了界定，对超出范围的行为和不良表现做出明确的处罚规定。因此，完善的教育法制体系是厘清学校与政府之间关系的基础。教育法律法规体系的建构明确了政府和学校双方之间的权利和义务。政府在政策引导与资源分配等方面起着主导作用，而学校作为教育的主要承担者承载着执行教育任务的义务，两者只有在法律层面上进行合理的互动，才能够保证高职院校治理能力的发展与完善。

长期以来，我国高职院校与政府之间存在着明显的依附关系。高职院校作为社会结构的重要组成部分，政府为其存在和发展提供了必要的基础条件和政策保证。政府作为教育管理的主体通过制定与实施法律法规，进而通过行政机关来管理高职院校的发展②。政府与高职院校之间的关系体现了在高等教育领域内资源的分配与权力的划归，也集中体现了高职院校治理能力建设的关键，即处理好政府与高职院校之间的关系以及明确两者在教育进程中的责任和义务，这对高职院校治理能力的建设具有重要的意义。相关理论和专业发展过程中产生的分歧也正是体现了高等教育与政府之间所存在的关系限度与关系范围，集中体现了高等教育应该在何种程度上与政府保持合作与联系的复杂局面。既往的教育理念和政策观念对高职院校的复杂性和多元性的强调，则掩盖了高职院校与政府之间的张力，这一关注点忽视了高职院校在发展过程中所具有的独立性与知识性的原则，两者之间的关系成为高职院校建设发展过程中需

---

① 陈发军. 复杂性理论视角下高职院校治理结构改革策略 [J]. 中国职业技术教育，2018 (21)：17-21.

② 王旎. 治理能力现代化背景下高职院校管理水平提升行动：以长沙环境保护职业技术学院为例 [J]. 现代商贸工业，2018，39（17）：91-93.

要解决的主要问题，忽视了高职院校知识传播与人才培养的重要任务。

希尔斯（Edward Shils）认为，政府和学校之间的关系应该处于互动三角的关系中，这种三角关系主要包括三个层面。这三个层面需要经过物质生产活动、社会关系以及人际关系等得以实现。三者之间的互动原则和互动规则影响着政府和学校之间的关系认知和关系发展。高职院校对政府的资源依赖是不言而喻的，但高职院校作为独立的学术机构，具有明确的学术任务和内在的使命，即培养人才和服务社会，同时高职院校也要追求知识层面的发展与建构①。在这一理念的指导下，希尔斯认为高职院校的建设应该具备独立的原则和分工的精神，只有明确双方之间的权利和义务，才能厘清政府和高职院校之间的关系，才能够真正实现高职院校发展的环境建设，保持内部资源和外部资源的互动与流通。高职院校根植于现代教育体制之内，无法脱离现代社会环境而独立发展，有序接受政府的管理和引导是必须要遵守的规则，而政府的管理和协调范围若超出法律的界限，则无法实现两者之间的互动交流。

高职院校的发展与学术场域的秩序建设并不仅仅由高职院校本身来决定，其所在的政府管理机构的风格以及社会秩序等均对高职院校的学术场域建设具有重要的影响。因此，政府对高职院校的管理应当合法、合情、合理，一方面随着时代的潮流和发展，满足社会发展目标的需求，使教育目标能够与当前社会需要相符合；另一方面，政府对高职院校的管理也要保持适当的空间与距离，高职院校的发展具有独特性和复杂性的特点，因此，高职院校可以根据本校的实际情况和资源配置等决定自身发展的层次与路径。

随着我国高等教育法律法规体系的完善与发展，政府在依法治教的原则与基础之上，不断规范对高校教育的管理活动和管理行为，使其管理行为更加法治化与合理化，同时也呈现出政府对高职院校管理的弱化趋势。这一趋势主要表现在政府不断改革与高等教育之间的关系。具体来讲，政府在改革管理中不断缩小其在高职院校管理中的权力和范围，采用简政放权、优化服务的理念，下放教育管理的权力，革新传统的教育发展体制，为高职院校的发展排除制度层面的障碍，使高职院校的建设和发展具有了相对宽阔的空间。传统管理理念和管理模式下，政府与高等教育处于管理者和被管理者的形态结构中。政府作为高等教育的管理者、主导者，从制度设计、教育实践等层面影响着高职院校

---

① 张德文. 新时代民办高职院校治理能力的提升路径［J］. 浙江树人大学学报（人文社会科学），2018，18（3）：21-25.

的发展进程。在这种模式的影响下，高职院校的发展无法彰显其独特性和特色，实质上限制了高职院校的社会化发展。而目前政府与高等教育之间的关系逐渐被厘清，政府对高职院校的管理逻辑已经转变。从治理方法层面来讲，政府对高职院校的管理更加法制化与现代化，同时治理指标和治理体系的数字化建构，也使政府能够以更加精准和稳健的评估指标来衡量高职院校的发展情况①。

从社会治理的角度来讲，政府在高职院校的管理进程中，要明确权利和义务的分配，明确政府在教育进程中所承担的责任和义务，防止出现角色混乱与管理重叠造成的资源配置不均等问题，促使政府管理机构在现有的法制规范条件下，更加民主、公平地去建构政府与高职院校的关系。在依法治国的理念指导下，政府对教育的宏观调控与质量评估，需要在严格的科学的体系中进行，进一步激发高职院校在教育发展与社会建设等方面的内在动力和外在活力。具体建构路径包括以下几个方面：政府在对教育实践与教育进程进行管理的过程中，要明确所负责的范围与管理层面，建立部门权责清单，明确政府管理的行为边界与权力范围，排除部门之间的权力重叠与职能混乱的情况。同时要尊重高职院校在办学过程中所具有的独立性和特色化的发展理念，营造高职院校科学治理、有序竞争的良好社会环境，建立沟通和对话的合作平台，使双方之间的互动和沟通能够在有序良性的环境中进行。政府要通过顶层设计和管理执行对高职院校的发展进行全面评估和监督，为高职院校的发展引入竞争机制，让高职院校在合理有序的环境中提升自我发展的内在动力。政府在调控教育资源分配时，要充分考虑高职院校本身所具有的差异化特点，定期对高职院校的发展情况与发展路径进行监督与评估，使高职院校的发展能够在正确的、主流的方向中前进。

二、落实高职院校多元化办学体制

保障高职院校的办学自主权，不断提升高职院校在办学进程中的自主管理能力和依法治教能力，这是我国高等教育推行法治化治理的重要路径之一。这能够不断促进我国高等教育体系的建立与完善，是我国高等教育治理体系建设现代化的重要议题。高职院校办学自主权指的是高职院校拥有规划本学院发展

---

① 王悠，金璐. 高职院校治理体系现代化的实现路径 [J]. 温州职业技术学院学报，2018，18 (2)：32-36, 83.

路径、发展规划、教育目标、教育内容和科研经费分配等自由，同时也具有聘任教师或选拔学生等的权力，即高职院校在教学的各个环节均获得全部的自由权。此外，高职院校的办学自主权也包括开设专业的自由权，具有决定专业建设、专业发展方向及课程体系设计及细节发展方向的自由。

高职院校办学自主权的获得来源于国家政策的调整以及政府的相关规定。获得法律上的认可以及行政授权是高职院校获得办学自主权的首要和必要条件。在这种政策环境的影响下，高职院校办学自主权的获得具有明显的政治特性，对政府的依赖性较强，同时政府从各个层面对高职院校的管理和发展进行的引导和协调具有明显的行政化色彩。在新中国成立后的一段时期内，高职院校的办学自主权均来自政府管理部门，其内部组织结构的建设体系参照国家管理机构建立。在高职院校进行日常管理工作时，高职院校的学术委员会只是对部分事物进行管理，学术权力的行使大部分要依托于专门的职能委员会，学术权力势微。在现代教育体制之下，高职院校办学自主权的合法性以及获得自主权的方式也各有不同。现代化治理体系下，如何保障高职院校办学自主权，不断提高高职院校的自主发展能力，丰富和完善我国高校治理能力，是我国高等教育所面临的重要课题之一。

随着我国教育理念的发展与变化和社会经济水平的不断提升，我国高等教育法制也逐步进行调整，高职院校的办学自主权也与以往有所差异。我国在政府宏观调控基础上不断扩大高职院校办学自主权的内容范围，进一步落实与扩大高职院校在办学过程中所拥有的权利和义务。20 世纪 80 年代中期以来，我国通过制定各种相关的法律法规以及政策制度进一步增强高职院校自主办学能力和扩大其办学规模，获得办学自主权的高职院校权力范围不断扩大。高职院校办学过程中，要在合法性的前提下，才能够开展各方面事务与活动。我国相关法律规定高职院校在办学过程中要不断提升自主管理的能力，高职院校的发展要符合国家政策规范要求以及主流价值观。只有不断加强高职院校本身的章程建设和制度建设，保证高职院校的办学内部环境法制化、外部环境规范化，才能够提升高职院校自主办学权。从这一层面来讲，高职院校自主办学权的落实与扩展，也有利于我国进一步提升高职院校治理能力。如果高职院校不能够合理地使用相关权力或者权力的使用出现混乱，那么政府需要对高职院校的内部管理与外部协调进行宏观调控，使自律变成他律。所以高职院校办学自主权的获得要以高效自律为准则，保障高职院校的发展全过程均有法可依，采用法制化的理念致力于学院的建设与规范。高职院校内部的章程制度建设是治理体系建设的首要标准，章程对高职院校的发展和建设具有重要的指导作用，所以高职院校办学自主权由学校的合法性获得以及合法性延展，均要以国家政策、政府宏观调控以及高职院校章程为内在逻辑，链接国家、社会与学校三个层面。

高职院校办学多元化体制的建设离不开办学自主权利的建构。高职院校办学自主权包括学校层面的办学自主权，也包括院系层面的办学自主权。从这两个层面来讲，高职院校自主办学能力的提升要保证权利和资源在学校和学院两个层面均衡流动，使高职院校的建设能够有效地突破传统体制的束缚，建立扁平化的权力结构，进而突破部门与部门之间的障碍和界限，加强不同部门之间的资源流动与配置，突破相关权力等级化安排，减少因信息传递与信息沟通不畅而产生的信息滞后等问题，让高职院校办学自主权的获得能够得到有效的落实。高职院校办学自主权不仅体现在制度层面，也包括实施层面。从实施层面来讲，促进高职院校办学自主权的合理配置举措应该包括以下几个层面：坚持党和政府在教育治理体系中的核心位置，政府通过政策引导和政策调控，对教育内容进行管理，确保高校教育目标的实现；高职院校要以自我特色、自我发展为目标，在政策范围内建设校园环境，依法治校，使学术权力得以行使；建构以学术委员会和教职工代表为核心的制度依托，使依法治校能够在扁平化的层面进行，建立符合现代要求的高校管理制度。

高职院校外部治理环境的存在，以及外部环境的形态，对高职院校构建治理体系具有重要的影响。在传统的中国教育模式和教育体制之下，我国的高职院校在政府的管理和调控之下运行，政府在高职院校建设和发展过程中的作用是不言而喻的，它对高职院校的发展方向和发展目标具有导向和引导的作用。这种外部因素的制约对高职院校的发展来说具有一定的限制性作用。如果政府对高职院校的管理监督过于严苛，那么高职院校的自我发展就会受到一定的影响，两者之间的关系很容易在横向和纵向两个层面失衡。但高职院校的发展依然需要依赖政府的引导和支持，这种情况存在的主要原因是政府拥有高度集中的教育管辖权利。而现代治理体系的建设则要求治理主体和治理客体之间保持平等和对等的关系。在这种治理观念的影响下，高职院校构建治理体系的首要基础便是政府简政放权，提升高校自主发展、自主建设的能力，充分调动高职院校的主动性，完成政府与高职院校在办学过程中的角色分配，使两者能够在平衡的关系上不断发挥各自的优势，实现教育目标①。

　　具体来讲，第一，政府要做好在全局层面上的整体把握，抓住工作的重点，明确责任清单，管好应该管理的事情。政府要从烦琐的行政事务中脱离出来，明确权力的边界与权力的范围，逐步扩大高职院校在自我管理、自我发展过程中所拥有的自主权。政府在这个过程中，不断向高职院校简政放权，充分调动高职院校的积极性和主动性，调动资源与要素，不断激活高职院校自我发展的能力，从而保证高职院校能够在政府的引导下，逐步获得可持续的发展能力和充分的发展机会，进而构建现代化的治理体系提升治理能力。

　　第二，从顶层设计来讲，要不断强化对地方政府的政策指引和政策指导，使政策的执行能够在可变动的范围内进行，防止科层制的管理导致的政策信息失真和政策执行效度弱等情况。也就是说，高职院校自主办学权的决定事项，教育部门要给予其充分的自主权。而政府层面决定的教育事项，顶层设计也要给予充分的自主权。在结构体系内，各个管理层级要将教育管理的权限规定在一定的范围内，这样每一层级对教育的管理和对教育发展的引导，都具有可调控的空间与边界。获得更多的自由度之后，高职院校才能够按照自身的独特性和自身的资源配置情况，对教学目标和教学环境进行调整，以取得教育事业的繁荣。

　　第三，政府要协调自身与社会之间的权力关系。政府给予社会一定的权力，使社会积极地参与到教育管理的过程中。在这个过程中，政府、社会和高职院校之间不断分工与合作。在政府管理层面，政府要设计更多的法律法规保障高职院校有法可依，同时通过宏观调控手段为高职院校的发展奠定坚实的基础，避免行政化的色彩过浓与行政执行的强硬。在高职院校办学自主权的层面，政府作为政策的调控者和引导者，不再处于核心的位置，要积极鼓励社会力量参与办学的过程，为经营者提供更多帮助和支持，创建新的管理模式。在办学自主经营权层面，政府要逐步归还高职院校的办学自主权。政府不断下放办学自主权的目的是调动社会力量和社会资本参与教育管理，调动高职院校自我发展的能力，但绝对不是对高职院校的发展置之不理、放任自流，而是有范围、有制度、有角色的管理引导②。政府、高职院校、社会之间应该实现良性的互动，三者在教育目标的引导下，不断实行合作与资源互通，这样才能够保

---

　　① 肖凤翔，肖艳婷. 高职院校治理之维：研究综述及展望 [J]. 职教论坛，2018 (5)：13-18.

　　② 蓝洁，唐锡海. 高职院校治理文化的阐释与建构 [J]. 职教论坛，2018 (5)：6-12.

证我国高等教育治理能力现代化建设有序进行。

高职院校对内治理能力的建设则对应着高职院校内部关系的处理，体现了高职院校在分配权力以及分配资源时所拥有的自主权。高职院校内部关系的重点在于对章程的确立，章程在内部关系中扮演着重要的角色，它协调着各方之间的关系和利益，使各部分、各个层面都能够在章程的指导下处理相关事务，保持内部结构的稳定，所以说高职院校内部治理体系的建构对明确和界定高职院校内外关系、保障高职院校自主办学权具有重要的作用。高职院校在日常事务的处理和教育实践中，不可避免带有行政化的色彩，这与教育的目标有所差异。但章程的存在则使这种差异保持在合理的范围内，突破了传统教育体制对管理范围的影响。所以这就要求：一方面高职院校要处理好与政府之间的关系，积极配合政府的政策引导和政策规划，保证高职院校内部治理体系的建设的合法性，建立明确的规章制度，进而构建有效的治理体系①；另一方面，政府对高校具有管理和引导的责任与义务，这就要求政府在行使行政管理权时，要充分考虑高职院校所具有的独特性及其多元化的办学主体，保证高职院校在管理、教学等层面拥有高度的自主权。从这一层面来讲，政府在这个过程中扮演着监督与评估的角色，保证在资源分配和政策规划基于公平、公正的立场。

但在教育实践进程中，无论是从法律法规层面来讲，还是从高职院校章程来讲，并没有明确的内容对办学主体的权利和义务范围进行划定，这就导致了高职院校与办学主体之间存在着笼统的关系。在这个过程中，要解决的首要问题是明确办学主体和高职院校之间的权利和义务关系。在法律法规的合理空间范围内，明确双方各自的日常事务和日常规范，明确办学主体和高职院校之间的关系。界定自主办学权的权利范围是高职院校的自主办学权得以保障的重要举措，同时也能够有效维护办学主体的合法权益。在这一层面上，要做到以下几点：第一，明确高职院校的身份属性，这就需要处理好高职院校与政府之间的关系。第二，明确办学主体和高职院校之间的权利和义务内容，办学主体在教育进程中，不能过多干预教学的实践细节等。同时要督促办学主体积极履行自身的义务和责任，保证高职院校的发展具有延续性和可持续性。第三，通过章程划定各自的权利和义务，这样才能够进一步明确办学主体所拥有的权利。

在"双一流"建设的背景之下，首先要明确高职院校与办学主体之间的

---

① 林杨芳.治理视角下的地方高校行政服务能力提升研究［D］.桂林：广西民族大学，2020.

关系，这样才能够构建高职院校治理体系。这是强化学校与社会连接的必经阶段和必经过程。这个过程有利于调动社会力量参与到高职院校的办学过程中，从而减轻政府的教育资金压力。高职院校的章程或相关法律法规对学校与办学主体之间的关系做出了明确的规定，那么双方就可以在各自的权力范围内履行权利和义务，保障教育目标的实现①，同时也能够使办学主体获得相应的合法权益，这在法律范围内都是具有合理性的。

　　高职院校的办学自主权主要表现在高职院校在法律法规的范围内拥有决定高校发展方向、发展目标和发展层次的权力。从政府层面来讲，高职院校办学自主权的获得要在法律认可的范围内，依法获得办学所必需的资质和条件，履行其相关职能和责任，为保证教学目标的实现而提供相应的资源和力量。从这一层面来讲，高职院校办学自主权的获得要保证两个层面的内容：一是自身条件过硬；二是政府关系的维护。任何一个条件缺失，都不能够保证高职院校办学自主权的获得。高职院校办学自主权的获得是高职院校治理能力现代化的必然趋势，它能够缓解因教育资源有限而带来的教育压力，分流相应的教育资源，使教育资源能够在全国范围内得到合理的分配。针对目前高职院校办学实践形态来讲，政府部门还应该在以下三个层面保证高职院校办学自主权的落实：一是专业设置层面，作为高职院校的内部管理和内部建设的主要内容，政府应当将这一层面的权力下放至高职院校本身，使高职院校具体规划和落实相应的细节，允许其自主设置社会所需要的专业，增强高职院校的基础服务能力。二是自主招生的权力。自主招生权能够保证高职院校在教育规划以及学生培养等方面获得相应的权力。在自主招生的过程中，要减少政府对自主招生的影响，保证高职院校在自主招生中获得充分的权力，允许高职院校按照其自身情况招收相应的学生。三是经费的使用。要允许高职院校根据自身的财务状况或财务资源，来制定相应的财务计划和财务决算，同时要减少高职院校在资金使用或资金审批等方面的流程，减少高职院校所受到的政策限制。四是机构设置和人事自主权。高职院校有权决定教师资源队伍的建构以及部门层级的设置。高职院校可根据自身的情况安排具体的部门体系，减少行政因素干扰，同时使各个部门体系能够有序合理地运转。

---

① 姜继为. 高校治理结构研究［M］. 成都：四川教育出版社，2009.

第二节 院校管理层面

一、健全顶层设计，紧跟产业发展动态

制度建设对现代化教育体系的建设具有重要的作用，制度明确了教育过程中所应该遵循的原则和基础。制度建设的有效性能够以稳定的状态和稳定的结构出现在教育进程中，为教育建设的现代化打下坚实的基础。在现代教育理念下，高职院校内部治理和外部治理均需要政府、社会以及高职院校之间的良性互动。而三者之间的良性互动必须要有合理有效的制度作为保障。但同时高职院校的发展也面临着制度缺失的问题，如相关教育法规并未明确高职院校在教育体系中的位置；高职院校的章程也因其效力层级而并不具有完全的行政效力；办学主体和高校之间的关系存在诸多问题①。

这些问题的存在不符合"双一流"建设的要求。高职院校治理能力的建设要符合"双一流"建设的目标，高职院校要在"双一流"建设目标的引导下，积极地完善校内章程，同时遵守相关政策，调整资源，与政府、社会保持相应的互动关系，提升相互之间的合作程度。政府也要积极地引入产业发展动态以及产业发展前沿因素，使政策的设计与制定能够体现时代的潮流和社会发展的方向。高职院校的发展要紧跟时代潮流，积极地关注产业发展动态，对相关专业以及相关领域的研究有所了解，这样才能够做好院校发展的顶层设计，构建"双一流"建设背景下的治理体系。

从现有的教育法律法规体系来看，我国有关高职院校的相关规则或规定还处于发展的状态。这就要求政府在顶层设计中要考虑高职院校在发展过程中所具有的独特性，按照教育发展的规律和教育理念，深入地考察高职院校在办学中所具有的优势条件和优势因素，同时也要明确高职院校在办学过程中所具有的资源和条件，抛弃传统教育理念的不利影响，为高职院校的发展制定相应的政策，以促进高职院校治理能力的建设以及带动教育资源的流动。高职院校的发展对我国构建现代化的教育体系具有重要的影响，高职院校作为有极强社会属性的办学主体和办学形态，可以通过提高自身在社会、行业中的影响力吸引

---

① 李福华. 大学治理的理论基础与组织架构 [M]. 北京：教育科学出版社，2008.

社会资金参与办学，有效解决因教育资金紧张带来的教育资源分配不均的问题①。社会主体可以根据自身所拥有的资源和条件，构建特色化的教育模式，丰富我国教育形态，为社会提供更多的教育基础服务和教育基础内容，创造全新的教育形态。为了维护高职院校合法权益以及保障教学进程的有效进行，顶层设计要充分保障高职院校办学自主权，允许其在法律范围内自由决定校内事务和校外关系的调整。这能够有效地调动社会主体参与到高职院校的建设进程中，也能够有效地调整办学主体与高职院校之间的关系，厘清双方在教学运行、教学目标等层面的权利和义务。

产业发展动态代表了社会生活结构调整的方向，对高职院校做好顶层设计具有一定的指导意义。在新形势下，高职院校与企业不断地进行合作，保持密切的联系，并探索一种新的协同育人模式，这对于高职院校的发展来说具有重要的实践意义。同时高职院校培养的高素质技术技能型人才进入产业实践，对推动产业的发展也具有重要意义。新时代的高职院校可以转变为一所集产、学、研、用、培为一体的综合性学院机构。这是高职院校转变的重要模式和步骤②。企业作为提供资金的一方，并作为办学主体参与到教学的过程中，能够将企业的实践物资、实践资料和实践资金等投入教学中，有利于提高高职院校实践器材、实践环境的综合建构水平。对企业而言，与高职院校建立合作能够保证企业在发展阶段所需要的人才和技术，有利于满足企业方的人才需求。近年来，国家对高职院校人才培养日益重视，极大地改变了企业对高职人才的认可，增强企业对高职院校的认知，越来越多的企业参与到高职院校的人才培养中，企业的社会责任感日益提升，品牌形象也随之提升。

企业和高职院校的联合培养，使得学生能够满足企业的用工需求和岗位技术要求。这样学生就能够在实习阶段进入企业，快速进入工作状态，这对学生的职业生涯来说具有重要的作用。对于高职院校来说，这种模式的存在能够缓解教育政策的变化带来的师资力量短缺的问题，高职院校通过聘请企业技术人才或高级工程师作为实践指导老师，能够将实践与理论相结合，提高学生的实践水平，有助于建立现代化的教学模式。同时高职院校也应根据本地区经济发展状况以及产业形态来调整课程设置、培养体系，使学生的培养符合当地经济

---

① 肖纲领，罗尧成. 高职院校治理组织建设现状、问题及完善策略［J］. 教育与职业，2018（10）：11-16.

② 韩刚. 高职院校治理结构困境与优化研究［J］. 学理论，2017（12）：214-215.

发展的需求。高职院校和企业处于两种不同的思维模式和运营模式中，两种模式的碰撞能够激发产生创新的教育模式。在这种教育模式下，学生能够在实践中检验理论，教师通过将企业的理念和企业技能带入课堂，引导学生在学习理论知识过程中提升对社会实践的认知。企业与高职院校的合作创造了一种企业学院的模式，即现代学徒制。

现代学徒制作为一种校企合作的新型模式，能够为企业的成长和发展提供具有连续性和持续性的人力资源，同时企业所具有的资源能够为高职院校的发展提供良性的支持。这种稳定性和持续性能够使双方在这种教育模式中获得成长和发展。校企合作的成功关键在于企业和高职院校要充分尊重双方的特质与目标。企业的目标在于经济利益的获得，而高职院校作为教育机构其目标在于人才的培养。这两者要寻求平衡点，这样才能实现良性合作。高职院校与企业要保持密切的合作，要建立在双赢的局面之上，建立全面、互动、长效的合作机制。

二、构建以章程为统领的管理制度体系

章程作为现代教育制度的重要载体，是高职院校实现现代化治理的重要工具，同时也是高职院校实现自主管理和履行社会义务所遵循的基本准则。章程作为制度化的存在形式，能够对内部管理与外部关系进行协调，保证学校事务在规范化的体系下运行，彰显学校的办学特点和管理模式。章程与现代化教育体制相连接，是高职院校提升自主治理能力的重要标志，能够将学校的办学特色、历史沿革、内外环境的平衡呈现出来，同时维护着校内外的利益秩序与环境生态的平衡。高职院校的章程建设主要体现在宏观和微观两个层面。在高职院校场域内，宏观层面是指学校与外部之间的互动关系。外部环境因素包括社会结构与政府。政府通过制定宏观的调控政策以及资源分配，影响高职院校的办学路径、办学手段。高职院校与社会之间的互动则更多体现在社会服务的体系中。微观层面主要是指学校内部的治理体系和制度规范建设，具体表现为学校内部的治理结构、方式方法以及权力体系的架构等。章程作为高职院校最基本的制度，是高职院校连接现代大学制度的切入点和关键点。高职院校要以章程为指导核心，带动自身进入现代化制度体系之内，保证其具备基本的现代化

治理原则和治理方式方法①。微观层面建设对高职院校来说具有重要的凝聚作用，能够将各方力量与秩序融合在一起而形成稳定的内部结构，充分体现高职院校的治理能力。这一层面目标的实现，需要高职院校理顺各方关系，深化改革，设计内部制度结构，不断提高教学质量，保证公平、公正，使高职院校教育事业在规范化、可调控的范围内运行。

高职院校法治化的重要依据是章程法律地位的确立。首先要明确章程在高职院校中所具有的法律地位，明确其对高职院校教学事务的指导作用和思想引领。对章程在教学实践中所具有的效能来说，其法律地位的明确是关键。法律地位代表了在法律框架内该制度所具有的权利和义务。章程法律地位的实现离不开法律地位的确认，法律地位的确认能够有效保障章程在时间效力、空间效力和关系效力层面的作用。章程作为高职院校依法办事的原则和范本，是连接国家法律法规与学校内部管理机制的重要桥梁，一方面承载着国家法律法规，另一方面沟通着学校内部管理机制。章程发挥着承上启下的作用，高职院校在日常事务的安排和管理中，必须要遵守高职教育的相关法律法规，使高职院校的教育活动能够在法制化的轨道中运行，同时也要综合考虑各方面的利益。章程的制定要充分尊重高职院校所具有的独特性，充分调动多元化的社会主体参与到高职院校的教学事务中，提升多元主体办学的积极性。对法律所规定的明确事项，章程可以做出必要的细化；对未规定的事项，章程可以根据院校自身发展情况以及未来发展的战略进行拓展与创新，整合校内外资源，寻求符合自身需求的发展路径。

现代化治理体系要求章程的建设不仅仅表现为制度的设计，同时也应该有相应的配套措施，保证章程的完善与落实。这就要求高职院校在制定章程的同时，也要形成体系化的配套措施，积极吸收学校自身的办学经验与历史传统，引进校内外优秀的经验案例、办学资源，充分利用科学化的管理理念和现代化管理方式，建立创新改革体系。在落实与推进过程中构建高职院校自身治理体系。学校内部具体实施措施与规章制度的建设应该在章程范围内进行。对章程未确定的内容，要在合理的范围内创新和延展；对已经明确的内容，要制定更加细化、更加清楚的操作规范，为日常事务的操作与运行建立秩序化的操作形态，体现出法制化的治理原则。

---

① 罗清萍. 湖北高职院校治理体系现代化建设的调查与思考 [J]. 产业与科技论坛，2017，16（21）：132-133.

从博弈论的角度来看，章程的确立与完善是各方利益相互博弈、相互协调的结果。章程是大学内部治理所要遵循的基本规范和基本准则，而且各利益方能够在这一基本准则和原理规范之下发展教育事业。利益相关者的教育活动是在章程的引导下进行的，但高职院校作为一个多元利益主体参与的组织，在这个过程中存在着多元化的利益诉求，此时章程并不能够完全适应多元利益主体的诉求，这就需要章程要在教学实践进程中，不断根据现实情况的变化，进行修订与优化，促使章程的实施能够符合现代社会潮流以及现代化治理体系的要求。各个行动主体在章程规范的范围内进行教育活动，这源于章程对教育活动有宏观、微观两个层面的要求和指导。例如章程规定了高职院校的基本原则、基本方向、基本路径以及组织条件、学生的权利和义务等；同时章程也明确了办学主体与办学客体，以及管理者之间的权利和义务；在高职院校内部的管理过程中，章程明确了教师、学生之间的互动规则和规范。学生在章程的范围内要遵守学校的相关制度规定，而教师要按照章程的原则传授知识内容。管理者要在章程的约束下进行教学管理。同时章程也对政府、社会以及其他社会组织参与高职院校办学等内容进行了详细的规定。章程的存在为各方参与教学事务提供了有效的指导原则和范本。各个参与主体能够在章程的指导和规范下开展教育活动，促使学生在教育中获得良好的知识，同时教师也能够在实践中不断提升教学水平，政府在管理过程中能够不断调整宏观政策，保证教育资源的合理分配。

现代教学制度的确立能够划分学校、社会与政府之间的关系与利益，使各方参与主体能够在平衡稳定的规则体系中，有效地进行现代治理体系建设。高职院校提升现代化治理能力最关键的是要优化内部治理结构，不断协调政府与高职院校间的互动关系，在多方参与的情况下，不断寻找合作共赢的平衡点和着力点，构建富有成效且能够维护各方利益的治理模式和办学机制。高职院校要不断吸收优秀的实践经验，不断参考相关经验和指导规范，明确各层级部门在高职院校结构体系中的地位和作用，同时也要明确各个部门的权利和义务，保证教学事务能够在有序稳定的环境中运行。高职院校推进治理体系和结构的建设，注重强化对顶层设计的灵活使用和变通。高职院校应遵循现代政治体制原则，明确党委、校长以及学术组织在高职院校教学事务中的权利和义务，同时也要积极建构师生员工行使民主权利所需要的基本环境和基本准则，在总体框架范围内设计有效的参与路径和参与方式，使多元主体在总体参与框架内形成有效的互动，进而为高职院校治理能力建设提供有效的样本。

高职院校在规章制度的范围内应结合本身所具有的办学特征和办学资源，对决策机制、沟通机制、协商平台、运行保障等内容进行细化，使学校各方面管理与发展都有章可循①，同时也要对学术权力和行政权力进行制衡。学术权力作为学校管理非常重要的层面，对学校整体的发展方向和发展结构具有导向作用。要完善教授治学的制度，使教授发挥充分学术权力的作用，只有学术权力与行政权力能够在高职院校管理体系中稳定运行，高职院校治理体系的建构才得以完整。

三、健全以学术委员会为核心的学术管理体系

高职院校在行政权力和学术权力分配过程中，学术委员会代表高职院校的学术权力。学术委员会作为管理学术发展的重要体系，对高职院校学术发展、学术教育等承担着首要的责任。而同时高职院校也存在着以校长为核心的行政权力，这两种权力同时存在于高职院校的教育运行框架之内。高职院校建立治理体系，要同时保证学术权力和行政权力得以正常有序运行，两者彼此制约、相互依存。要保证学术委员会在高职院校的地位和作用，确保学术委员会能够独立行使职能与权力，妥善处理学术委员会与其他行政部门之间的关系。学术委员会是学校的最高学术机构，统筹行使对学院各类学术事务的决策、审议、评定和咨询等职权。学术委员会的存在，使高职院校的教育能够在学术化、专业化的方向发展，保证高职院校教育工作向更高层次运行。学术委员会也为高职院校的学术发展与学术规划提出建议和决策，同时以校长为代表的行政管理部门则要在法律范围和章程的要求内支持学术委员会履行其职能，所以两者之间的配合程度以及协调程度决定了高职院校治理能力水平。学术委员会为高职院校的学术发展方向和学术规划提供了有效的指导意见和发展路径。这对于高职院校往更高层次发展具有非常重要的战略意义。学术委员会职能的发挥与行使离不开各项政策与各个部门的配合。学术委员会的工作涉及学术建设、课程教育、成果推介等各个层面，所以将学术事务等层面的决策权交给学术委员会，有利于专业的教授和学者为高职院校的学术发展提供有效的建议和指导，保证高职院校学术体系的建构。

但在实际运行过程中，高职院校学术委员会的存在和发展并没有在合理的

---

① 刘慧. 围绕专业品牌创建的高职院校治理能力现代化实现途径探析 [J]. 青岛职业技术学院学报，2017，30（5）：25-28.

范围内运行。由于科层制的存在，高职院校的行政权力延伸至学术层面，行政部门在教育事务过程中发挥着重要的作用，影响着学术委员会的决策与发展，行政权力延伸至学术层面，并对学术权力的发挥起着限制和影响的作用。若要构建高职院校治理体系，那么首先要保证学术权力与行政权力能够在不同的体系中有效、健康、全面地运行，两者之间存在职能交叉时，要保证学术权力与行政权力的相对独立性，同时两者之间的协调与合作要在法律规范的范围内。学术委员会行使学术权力时要遵守相关的法律法规，保证在章程的范围内履行学术职能。行政部门在运用行政权力进行管理时，也要兼顾公平正义，保证学术权力能够独立自由地发挥。所以这就要求高职院校要构建和谐的环境，使学术委员会能够在日常工作中真正发挥学术的影响力，使其真正成为高职院校最高的学术管理机构，保证高职院校学术工作的开展与发展。高职院校的全面发展也离不开其他学术组织，如学位评定委员会或职称评定委员会等，这些机构与学术委员会有同样的功能与职责，专门负责处理学术事务。这些机构的日常事务依然受到行政权力的影响，行政权力从各个层面对这些机构进行管理与指导，限制了这些机构在某些层面上的功能发挥。

由于职能的重叠和交叉，组织与部门之间容易发生冲突与摩擦，这也导致了行政权力不得不介入的情况，所以高职院校要想建构高层次的治理体系，应该进一步理顺学术委员会与各个委员会之间的关系和职能，明确学术委员会的地位和作用，同时也要明确其他委员会的功能与职责，各个部门和体系之间应该保持独立性与合作性。在工作事务中若有职责交叉，那么各职能部门要相互配合，避免产生职能的冲突与叠加。为保证学术委员会能够正常展开学术评定等其他学术工作，保证学术事务的公平性与公正性，学术委员会要保持坚定的独立性。同时高职院校要对经费使用情况或委员的组成等进行日常的监督，设立监督和评估机构，对学术委员会的日常工作进行相关的评估和监督，确保决策的公平性与公正性。从这一层面来讲，一方面，学术委员会作为独立的机构行使学术决策或学术发展的权利；但另一方面，学术委员会作为高职院校的管理部门之一，也受到学校的监督，这有利于学术委员会工作的开展。

对学术委员会的监督主要有两个层面：一是以学生和教师为主体的监督机构，同时也引入多元化的监督主体，如校外工作人员或专业评定机构，这些构成了学术委员会的外部监督机制。外部监督机制能够促使学术委员会正确行使职权，保证学术工作的公平性和公正性。二是建立以党政部门和学术监察部门为主的内部监督机制。保证学术委员会从政治政策以及理论观念层面。工作的正确性，进而维护学术委员会工作的合法性。学术委员会作为高校治理体系的重要组成部分，能够有效地指导高职院校在学术层面的建设和发展，所以高职院校要保持学术委员会在日常工作体系中的独立性和全面性，充分调动各项资源或政策保证学术委员会能够在整体层面发挥其职能和效用。

四、加强以教职工代表大会为基本形式的民主管理

高职院校治理体系的构建不仅包括学术层面，同时也包括民主化建设层面。实现高职院校民主化建设以及治理体系的多样化，首要途径就是保证权力的使用在合理和规范的体系内，使行政权力与学术权力能够平衡。在这一过程中教师和学生作为学术权力与行政权力的影响对象，其对学术权力和行政权力均有监督的义务。而教职工代表大会为教师充分发挥其职能和作用提供了有效的沟通平台。教师在日常学习和工作中可以对学术委员会或其他行政权力进行监督，将问题和建议反馈至学校管理层面，能够保证行政权力或学术权力得以有效合理地运行。

教职工代表大会的职权包括：一是对学校事务进行民主化管理；二是维护教职工的合法权益。教职工代表大会作为高职院校所认定的组织机构之一，具有合法性与合理性，能够有效保证教师的权益。在高职院校内部治理体系中，教职工代表大会的存在能够促使治理体系处于平衡、稳定的状态。教职工代表大会作为法定组织结构，能够对学校各项事务进行监督，在学校与教师、学生之间建立沟通的桥梁。学校通过教职工代表大会了解教师的工作状态和学生的思想动态，及时对相关问题进行分析，以促进教学目标的实现。教师通过教职工代表大会表达意见与想法，防止因沟通不畅而产生问题和障碍，教职工代表大会的存在能够有效制约和平衡学校的管理工作①。因此要积极地完善教职工代表大会这一管理制度，使教职工代表大会在高职院校的工作管理体系中拥有相应的地位和职能，保障教职工代表大会的内部管理和外部连接具有流动性和合法性。同时要建立教职工代表大会的工作流程以及咨询制度，保证教职工代表大会能够在学校管理实践中发挥战略意义和指导作用。

除了教职工代表大会，学生作为教育的重要参与者，也能够参与高职院校的民主管理。学生的参与是民主管理形式的重要表现，学生参与高职院校的内

---

① 王辰. 产业文化育人视阈下高职院校现代治理机制建设研究［J］. 宁波职业技术学院学报，2017，21（5）：1-4，23.

部治理和发展进程，充分体现了学生在学校的主体地位①。学生参与高职院校的民主管理还存在很多问题和障碍，其中首要问题是如何使高职院校的学生能够积极主动地参与学校的现代化建设，主要的步骤有以下几点：一是建立相关的制度，保障学生参与变成一种形式和规范，学生在规范的范围内进行活动，保证学生的合法权益，使学生的民主监督权力得以真正实现。二是不断丰富学生参与民主管理的方式和方法，开拓多种形式，积极主动邀请学生参与到学校的民主管理中，不断发掘学生的作用，同时激活学生内部管理的热情。三是积极主动地与学生进行沟通，邀请学生家长参与学校的互动环节，参与学校民主管理活动。学生作为教育活动中的重要参与者，他们对学校的内部管理和内部发展具有重要的作用。学生构成了学校管理的对象和管理的反馈者，学生具有双重身份，在这种双重身份的引导下，一方面学生要积极遵守学校的相关法规制度；另一方面，学生也应该充分利用自己的主体地位，对学校各方事物进行监督，充分维护自身的合法权益。

第三节　其他利益相关者层面

高职院校在构建治理体系时，不仅涉及学校内部的参与者，而且高职院校也希望多元化主体能够参与学校的管理和发展，以促进高职院校的健康、良性发展。这就意味着高职院校一方面要积极协调利益相关者之间的关系；另一方面也要调动多元主体将优势资源投入高职院校。从高职院校的整体发展态势来看，利益相关者对高职院校的整体发展路径和发展目标具有非常重要的导向作用。利益相关者所具有的优势资源，为高职院校的发展提供了物质保障和精神引导，因此高职院校的健康发展需要全面协调利益相关者的关系，这就要求高职院校要根据现实情况形成多元治理的局面。从利益相关者的视角来看，高职院校的治理应该是多元参与、多元合作、多元发展。在内部以党委和校长为核心，教授作为学术委员会的组成主体，学生和教师作为教职工代表大会和学生代表大会的成员，所涉及的权利和义务需要通过明确的制度和规律规范，以保证各个主体能够在自身的范围内形成有序的合作关系，引导高职院校向着健

---

① 彭宇文. 中国高校法人治理结构研究 [M]. 北京：中国社会科学出版社，2006.

康、有序的方向发展，最终实现教育的目标①。利益相关者由于其所处的位置不同，对高职院校的发展具有不同的看法和建议，那么高职院校作为主要参与者，要积极处理利益相关者之间的关系，不断优化内部结构，积极拓展外部进程，促使利益相关者能够更好地为高职院校的发展贡献力量与资源。

一、高职院校治理体系中的政府调控

高职院校在构建治理体系时，政府作为主要的参与者其作用是不言而喻的。政府作为政策引导、资源分配等层面的主体，它位于高职院校建设体系的首要位置。一方面政府承担着为高职院校制定相关政策法规的责任；另一方面，政府也要对高职院校的发展进程和发展路径进行监督和管理，保证高职院校建设能够在现代化的教育体系之内进行。在高职院校构建治理体系时，政府作为主要的参与者和管理者，如何处理好两者之间的关系显得尤为重要。因而政府在这个过程中要积极探索共生合作之路。高职院校对政府的依赖程度不断提升，两者之间的关系不断密切，因而要不断探寻彼此合作共赢的道路，这种伙伴关系的形成和发展，不能一方处于绝对管理的地位，另一方也不能处于被管理的地位。双方在自身权力范围内行使合法权力，同时也要履行相关的业务，不能过于强调政府的管理职能也不能过于依赖政府的治理。在这样的条件要求下，高职院校和政府要明确双方的权利和义务范围，转变两者在高职院校发展过程中的角色、地位以及治理理念，使两者能够共同参与到高职院校的发展进程中。即政府要转变管理理念，从高职院校的绝对管理者变成组织者、参与者、服务者，从而重新定位政府对高职院校的管理决策和管理功能，使政府职能向着有限政府的方向发展。

上级政府参与到高职院校的治理进程中，要对管理观念重新进行定位和拓展，改变传统的治理理念和治理方式，对高校进行宏观层面的调控和引导，不断强化政府在治理体系中的服务新功能，调节两者之间的关系能够在正常的范围内运行，建构完善的法律法规。同时在治理能力体系的建设过程中，政府要注重宏观调控的影响，同时对相关资源进行有效合理的分配，适当引入市场机制，共同提升高职院校的治理效果，这就要求政府转变对高职院校的绝对领导方式，政府为高职院校提供法律法规的支持和保障，同时为教学质量的提升提供相关的物质保障和基础建设。而相关的管理权限要下放至高职院校内部，使

① 杜维. 治理理论视域下大学生参与高校治理研究［D］. 西安：西安电子科技大学，2019.

高职院校充分根据自身情况安排相关的管理方法和管理路径。在此基础上，政府应当建立健全高职院校发展框架和体系，充分应用法律机制保障高职院校的整体发展；加强监督和评估，在学术监督和教育问责等方面进行制度建设，对学术造假、滥用职权等问题，要做到有法可依、执法必严、违法必究。而高职院校在这个过程中要积极配合上级政府的政策引导和资源调控，充分维护与上级政府之间的关系。双方要调整权力和利益范围，使高职院校的治理更加透明化，双方能够在高职院校的治理框架内通力合作，根据社会需求与社会发展的潮流，不断变化工作理念和工作方法，灵活掌控高职院校的相关建设和相关发展，将法制化的工作理念贯彻到高职院校的治理能力体系建构进程中。同时政府要完善市场调节机制，增强法律监督的功能和效用，保障高职院校治理体系的建设与发展。

二、高职院校治理体系中的社会参与

随着我国市场经济体制的完善以及市场经济的发展，高职院校治理体系的建构也要与社会各个层面保持密切的合作和联系。高职院校治理体系的建构越来越需要社会力量的参与。高职院校作为学术机构与社会机构，一方面连接着学校的内部管理，另一方面也连接着社会服务，这就决定了高职院校治理体系的建设离不开社会力量的参与。高职院校与社会发展、社会进步有着不可分割的联系，社会力量参与高职院校的建设和发展，符合当前社会发展潮流。从目前现代化的治理理念角度来看，高职院校要构建治理体系，需要不断从社会结构和社会生活中获取物质力量和人员保障、信息知识等层面的内容，所以说，社会力量是高职院校构建自身治理体系的基石，高职院校要不断把握市场信息内容，按照社会需求培养人才，积极了解市场经济的内容与发展形态。此时社会力量的参与能够弥补高职院校在这一层面的不足。社会力量成为高职院校链接市场的桥梁，社会力量能够将市场经济的内容和形态，引入高职院校的治理体系中，为学生带来多元化的视角与思维方式，促使治理体系呈现更加活泼多元的形态，完善治理体系构建的路径与方法，改变传统教育模式的影响，促使高职院校学术成果的转化与社会服务效能提升。

高职院校构建治理体系要鼓励社会力量参与学校的管理工作，除了制度保障和法律建构体系之外，还要配备相关的组织载体，为社会力量参与治理工作提供有效的平台、资金支持和评估监督团队①。同时，在这个过程中要不断强化市场机制的作用，以提升组织结构的效能，保证社会力量参与治理工作的有效性与合法性，使社会力量真正成为高职院校治理体系建构的基石。社会力量作为不同利益群体的代表，能够在高职院校治理进程中表达多元的诉求，同时也能形成多方监督的机制。这种机制的存在对高职院校治理体系以及民主化管理具有重要的监督作用，能促进高职院校不断按照现代化的治理体系建构自身发展。

三、高职院校治理体系中的校长治校

大学作为一个行政组织和学术组织，它拥有两种权力，一是学术权力，二是行政权力。学术和行政是分不开的两个层面，两者相互促进、相互补充。有学者提出校长治校的治理理念。校长治校的理念，满足了现代化治理体系的要求。随着大学规模的不断扩张，高职院校的发展进入了快速阶段，那么高职院校的治理体系建设也受到社会各界的关注。在这个过程中，高职院校不断构建规范化的治理体系，因此在高职院校治理体系建构过程中，确立校长治校的工作理念，具有重要的影响和意义。校长作为行政权力的管理者，怎样将学校行政事务与教学任务以及其他层面的利益关系保持在和谐稳定的状态，是校长等高级管理工作者所要面临的艰巨任务。校长治校最主要的目标是以尊重各方利益为前提，建构多方合作的治理体系，使各个行政部门能够在校长的统领下，完善各项工作机制，端正工作态度，使行政机构能够真正为教学事务服务。从这个角度来看，校长治校工作理念的确认，明确了校长在行政事务中的核心地位以及调节者的角色。

校长作为大学的实际管理者，要在高校治理过程中考虑多层利益关系，调动各个行政部门的积极性、主动性，投入更多的资源，进一步为高职院校的发展添砖加瓦。在高职院校的建构体系中，校长治校则充分体现了高职院校内部管理体系的建构原则，校长作为行政权力的核心，负责学校各项行政工作的落实，决定着高职院校发展的重要事务，行政事务、教学事务等几乎由校长全权负责。而党委的领导和监督则保证了高职院校校长工作的顺利进行，依法治校需要确立校长在治理体系中的角色和功能，坚持社会主义发展方向和党的领

---

① 丘丽丹. 法治文化视野中的高职院校治理现代化改革 [J]. 教育理论与实践，2017，37 (30)：13-15.

导。同时也要保证校长的行政权力在学校整体层面得以有效发挥，这是保证高职院校构建治理体系的重要体现。校长治校作为我国高等教育内部治理体系的领导规范，它体现了民主集中制原则，能够保证高职院校在发展过程中行政权力的充分发挥以及党委监督的有效落实，从而保证高职院校构建现代化的治理体系。

四、高职院校治理体系中的教授治学

教授治学的概念是相对于校长治校而提出来的。在高职院校治理体系建构过程中教授治学是一个非常重要的治理理念。教授在治理体系中拥有重要而特殊的权力。教授参与治理体系建构进程，能够保证高职院校教学工作的开展，使学术、科研能够按照知识特点和专业内在逻辑运行。教授作为科研与学术的首要负责人，应根据专业发展特点以及学术前沿掌握相关领域的内容。教授拥有治学的权力，对人才培养有更为深刻的认识和把握，能够将自身所拥有的专业技能应用于治理体系建构中。相较于其他利益相关者，教授能够以更加专业的方式投入专业的发展中，教授治学理念的提出对于高职院校的建设和发展具有重要的作用，这一理念能够促使教授以更加专业的方式投入学术管理中，并对专业发展做出科学的决策，服务于专业的高质量发展，从而培养出更加适应社会发展的专业人才。

随着高职院校治理体系的不断完善，教授作为重要的参与者不断发挥其专业技能，进一步推进高职院校构建现代化的治理体系。教授治学成为高职院校改革和发展过程中的重要因素和中坚力量。教授治学是教授参与学校内部管理和发展的重要体现，也是民主管理的重要实现途径[1]。高职院校在发展过程中，赋予教授以治学的权力，能够有效调动教授的科研积极性和学术主动性，使教授能够更加专注地投入科研工作，不断促使科研成果转化。教授治学理念的提出，同时也需要满足相应的规范要求，教授治学并不意味着所有的教授都要参与到治学的进程中，而是基于自主自愿的原则，有意愿参与的教授能够形成治学共同体，形成以教授为主体的治理团队，用集体的力量来弥补个人决策的不足，保证高职院校教学事务决策的合理性与合法性。教授治学理念得以实施的重要基础是保证教授在学术与权力之间保持相对的独立性，一方面，要赋

---

① 孙云志. 权责清单制度：提升高职院校治理能力的新路径 [J]. 教育发展研究，2017，37 (19)：48-53.

予教授充分的权力，保障教授治学的合法性与独立性；另一方面，学术机构要制定相应的细则，保证教授治学理念的落实，划分学术权力与行政权力的范围，避免职能交叉和重复，为学术权力的实施提供有效的法律保障。同时也要积极引入监督机制，保证学术权力的行使能够在合法范围内进行，促进学术思想在开放自由的环境中流通，提升教授的治学热情，提高高职院校的科研水平，进而促进高职教育目标的实现。

五、高职院校治理体系中的学生参与

随着现代治理体系的发展与完善，大学生的民主意识逐渐增强，学生作为治理体系中的重要参与者和服务对象，现代治理体系需要大学生作为主体参与治理体系的建构。这是现代化治理体系的重要体现，也有利于培养大学生的民主意识和社会责任。这是我国教育发展的必然趋势。作为利益相关者的大学生参与治理体系构建能够有效推进学校内部的管理和发展。学校内部的治理和发展关系到学生生活的各个层面，学生作为政策的承载者，对学校的发展和改革具有重要的实践意义。大学生参与高职院校的治理工作能够对高职院校教学、科研、行政等各个层面提出宝贵的意见，从而使高职院校能够不断进步和发展，提升治理能力和水平。

学生作为主体参与到高职院校的治理体系，要遵循以下几个方面的原则和路径：一是改变传统教育理念和治理模式，使学生作为平等的主体参与到治理体系中，充分肯定学生在治理体系中的地位和功能，明确相关的法律法规，保障学生参与高职院校治理工作的合法权益。二是构建沟通交流的平台，为学生参与治理体系提供载体①。现代网络社会的发展给学生带来了多元化的思想和观念。治理平台的存在能够为学生发挥其作用提供有效的途径。学生参与高职院校的治理体系应该以平台为载体，让学生能够突破时间和空间的限制，为学校的各项事业发展提出有效的意见，广泛征求学生对教学、科研、奖惩等方面的意见，并积极鼓励学生通过管理平台对学校各项事务进行监督与反馈。三是保证学生参与治理体系构建的过程中具有知情权和建议权。学生作为高职院校治理体系的首要关注对象，其组织独立性和合法性应该得到全面保障。学生作为主体应该知晓学校内部的管理体系和外部的生存环境，建立相应的参与组织，保证学生参与高职院校的管理进程具有完全的自主性和自愿性，为学生提

---

① 冯丽莎.整体性治理视阈下地方高校内部治理体系现代化研究［D］.衡阳：南华大学，2019.

供多元化的参与途径，使学生的治理行为能够得到法律的保障，为学生权力的实施提供足够的支持，不断对学生进行治理能力提升的培养，使学生真正有效地参与到高职院校的治理体系构建中。

六、高职院校治理体系中的多方监督机制

高职院校治理体系的建设需要充分发挥学术权力和行政权力的作用。也需要引入多方监督机制，以保证权力的行使具有公平性和合理性。高职院校治理体系的建设离不开多方监督机制。权力的规范化操作需要全面的监督，而全面的监督则依赖于全民多方监督机制的形成。这种监督机制的形成需要多元化的主体参与到监督机制的建构过程中，使各个相关主体都能够以积极主动的角色参与监督，各参与主体要明确监督的内容和监督的意义，保证监督机制的全员化参与。全方位协同参与的监督机制也离不开党委领导，党委领导能够为监督机制的存在提供思想上的指引，使监督工作能够在合法的框架内运行。监督机制并不是为了限制学术权力和行政权力，而是在制度范围内保证各项权力能够在合法有效的环境中运行，以促进学校各项事务管理的规范化建设，这符合现代治理体系原则和理念①。

多方监督机制的形成不仅涉及学校内部工作人员，也涉及社会相关人员，所以一方面要调动学校内部工作人员以及学生积极参与到监督工作中；另一方面也要不断协调社会相关主体利益，引导社会主体以多元化的角色参与到学校监督体系之中，保证校内、校外两种力量在积极参与的氛围中投入监督工作，以保证监督机制在公平合理的范围内运行。监督机制的存在对高职院校构建治理体系具有重要的作用。多方监督主体相互制约、相互监督，共同促成现代化治理体系的建设。这对于高职院校来说是比较优化的选择。监督机制的存在能够对上级管理工作进行有效的反馈，同时，也能够对基层管理工作者进行监督，使上级管理和基层对象能够实现连接和沟通，打通了双方交流的渠道，增进双方之间的理解，减少工作中的摩擦，提升和优化工作路径。所以高职院校构建治理体系要不断完善多方监督机制的建设，使党委领导下的多元主体能够积极参与到治理体系中，监督学校各项事务的运行和发展。多元主体在依法治校的原则下充分发挥个人主观能动性，调动各方力量推动学校相关事务的进

---

① 黄澌. 我国高职院校治理能力建设存在的问题及对策研究 [J]. 职业技术，2017，16 (8)：39-40.

行，为学生营造良好的学习氛围，建构和谐的校园环境。所以高职院校构建治理体系建设一方面离不开制度化的规范监督，如纪委监督；另一方面也离不开多元参与的监督机制。这两种机制的存在从制度化和非制度化层面，保证了学术权力和行政权力在规范化的体系中运行。

七、加强高职院校与企业、行业部门的沟通合作

高职院校构建治理体系，一方面需要校内工作人员的参与，发挥其主观能动性；另一方面也需要积极联合校外力量，如企业行业等部门为高职院校构建治理体系奠定后备力量。随着社会的不断发展与时代潮流的转变，高职院校构建治理体系离不开校外力量的参与，所以高职院校在构建治理体系时，要不断引入行业企业，行业企业为高职院校的发展带来了新鲜的视角和思路，这对高职院校的发展具有重要的意义。在市场化的理念之下，高职院校能够不断运用企业行业部门所带来的资源，为学生提供实践的场地和途径，提升学生的社会实践能力，改革学校的教育和管理方式。高职院校治理体系的建构需要纳入外部力量，改变传统管理观念，实现与企业行业部门的高效互动与合作。

高职院校将企业行业纳入学校发展进程需要通过以下路径得以实现：一是要积极协调外部关系，引导多元化的主体参与治理进程，重视行业、企业的合作关系，并建立相关的法律制度，保障校外主体真正成为一种制度化的存在形式。这就要求高校管理者要把社会力量作为改革和创新的重要主体，引导社会力量进入管理的各个层面，实现多角度、宽范围的思想碰撞与交流。二是建立产、学、研一体化的机制，不断加强与企业、产业等的合作。高校管理者要不断强化与企业产业的联系，积极调动社会力量提供科研条件或科研经费，建立和落实科研转化机制，促进学校成果进入转化阶段，从而提升高职院校社会服务的能力。进而建构学术发展与社会效益双赢的局面。三是建立全面的合作保障机制。合作保障机制的存在一方面有利于维护企业的生产和发展；另一方面也保证学校在科研支出和成果转换等方面获得相关的收益。透明化、信息公开化的合作关系能够保证双方在规范的范围内有效地进行沟通和交流，促使社会各方能够参与高校的发展和评估工作，保证高职院校治理工作的长效开展。四是高职院校管理工作者要不断改变传统的教育观念和工作方式方法，不断引入科学技术和互联网思维，用先进的互联网技术和硬件设施，使技术治理成为高职院校治理体系的重要部分。这就要求高职院校管理人员积极与其他部门通力合作，开发适用于本校的技术平台和信息平台、软件系统等，为学生的生活和

学习提供人性化的服务保障，同时也要积极地采用社会的先进模式，不断与社会力量形成互动。在这一层面来讲，高职院校对内要充分进行工作人员的媒介素养建设，对外要不断引入先进的科学技术，使社会力量参与校园信息化的建设过程，保证学校信息化建设能够符合时代发展潮流。

总之，构建符合"双一流"要求的高职院校治理体系，就是要树立现代治理理念，构建以章程为统领的制度体系，推进治理主体、治理内容、治理方式的全面变革，全面推进依法治校；厘清学术权力、行政权力、学术权力、民主权力与监督权力，完善治理结构；构建议事决策、执行落实、监督问责的行动体系，促进效能提升，实现治理能力现代化。高职院校的治理体系框架如图4-1所示。

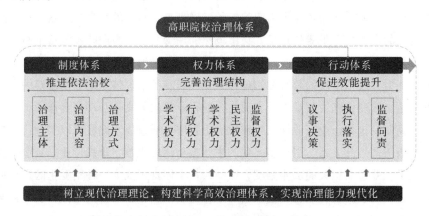

图 4-1　高职院校治理体系框架

第五章　推进高职院校治理能力现代化

　　高职院校的治理能力指的是高职院校运用各种制度管理学校各方面事务的能力，体现为具体的执行能力、贯彻能力和落实能力。高职院校的治理体系和治理能力是一个相辅相成的有机整体，好的制度体系优势必须依靠最优的执行能力来保障，有了好的治理体系才能提高治理能力，提高治理能力才能充分发挥治理体系的效能。反之，没有治理能力的提升，制度无法执行或执行不到位，再完善的治理体系都是无效的。故此，应在推进治理体系建设的同时不断提高治理能力，在治理过程中不断完善和改进治理体系。

第一节　树立现代治理理念

　　科学的理念是行动的先导，高职院校从传统的"管理"到"治理"，虽一字之差，体现的却是思维、理论及实践上的重大创新。治理强调的是一种自上而下与自下而上结合的多元化、过程化的系统思维。高职院校各相关主体只有树立科学的现代治理理念，才能主动适应错综复杂的内外部环境，充分发挥主观能动性，提高科学决策和贯彻执行的水平。

一、树立共建、共治、共享理念

　　面对着新时代"双一流"建设的新要求，高职院校一定要转变发展观念，树立共建、共治、共享的协同发展理念，推进开放办学、合作共赢、创新发展。高职院校各利益相关者应具有强烈的合作意识，打破传统的单一主体封闭管理思想。做好顶层设计，设计有利于各治理主体之间以及治理主体与外部环境间的双向交流的组织架构及运行机制，这是实现协同发展的必然要求。同时，倡导多元治理主体求同存异、多元合作、协同治理，最大限度地实现多方共赢。

二、落实"学生为中心"理念

学生是高职院校的主体，学生的发展是高职院校发展的首要目标。因此，高职院校的治理也应落实"学生为中心"的理念，以学生的发展作为治理能力提升的根本价值追求。高职院校在推进治理能力提升的过程中，要始终聚焦学生的成长成才，紧跟时代脉搏，研究把握新时代区域行业对人才的新要求，加强与各利益相关者的沟通对话，将科学治理贯穿到人才培养的全过程各环节，更好发挥各利益相关者在人才培养中的作用，切实提高人才培养质量。

第二节　全面提高决策执行能力

"双一流"建设的全面启动及随后的"双高计划"提出实施，是高职院校发展提档升级、增值赋能的黄金机遇。能否把握发展大势，立足长远，提高科学决策和贯彻执行水平，推进治理能力现代化，将直接决定高职院校办学成败及育人质量的高低。

一、提高科学决策能力

决策为高职院校的办学举旗定向，决定着高职院校的发展方向及教育事业的成败。"双一流"建设背景下，推进高职院校治理能力现代化，必须着力提高科学决策的水平。

第一，要把握大局，全面分析面临的新形势新任务，以系统性战略性思维科学决策事关院校发展大局的重大事项。习近平总书记在2021年全国职业教育大会上做出重要指示："在全面建设社会主义现代化国家新征程中，职业教育前途广阔、大有可为。"这为高职院校办学指明了前进方向。各高职院校要提高政治站位，将高职院校的办学放在应对世界百年未有之大变局、实现中华民族伟大复兴中国梦的战略全局中，综合研判政治、经济、社会、人口等方面对高职院校发展提出的新要求，科学制定发展目标，全面推动教育教学改革、专业及专业群的建设，提质培优，切实提高办学水平和人才培养质量。

第二，要立足长远，科学谋划。把握住"十四五"规划开局新时机，全面贯彻落实《中国教育现代化2035》《国家职业教育改革实施方案》《职业教育提质培优行动计划（2020—2023 年）》等宏观政策，科学制订院校发展的中长期规划，突出职业教育类型定位，深入探索符合职业教育发展的产教融合、人才培养、师资队伍建设等新路径。

第三，要坚持问题导向，有效统筹各类资源。当前，随着国家经济结构的转型升级，国际竞争日趋加剧，我国教育形势发生了深刻变化，对高职院校的办学也提出了新要求、新挑战。与普通高校相比，高职院校在办学经费、生源质量、师资力量等方面都"先天不足"，如何调动并合理统筹好各类资源，凝聚合力，是对治理能力的一个巨大考验。科学决策就是要坚持问题导向，抓住院校发展的主要矛盾，分清主次，优先统筹急、难、险重任务，紧紧抓住大事，敏锐关注小事，形成治理合力，提高治理能力累进，推动治理能力现代化。

第四，要提高民主决策水平。坚持党委领导、校长治校、民主管理、依法治校。治理重心下移，充分调动师生参与决策的内生动力和积极性，激发基层组织细胞的活力，提高民主决策的水平。尤其是在专业建设、学生管理等院校治理的中微观层面应充分发挥院校两级管理职能，充分问计于基层，从师生群众中汲取集体智慧，提高治理效能和效果。

二、提高决策执行能力

制度的生命在于执行落实。提高治理能力，也要在推进治理体系建设的同时切实提高决策执行能力，并在决策执行过程中不断诊断、改进，进一步完善治理体系。

第一，提高责任意识，提高执行能力。执行治理体系的各项规章制度及决策部署归根到底要依靠人，要依靠每一个与高职院校相关的利益相关者共同参与，执行落实，才能有效推进。因此，应采取动员、学习、培训、交流等方式，积极沟通，最大限度调动主观能动性和执行积极性，切实增强责任担当意识，提高执行意识和能力。

第二，层层压实责任，狠抓执行落实。一分部署，九分落实。科学的决策必须依靠强有力的执行，才能顺利推进目标的实现。要将学校中长期发展规划、"十四五"发展规划等发展目标落细落实，做出具体的战略部署，分解成具体的工作任务或项目，画出时间表、路线图，明确责任人与时间节点，确保工作高标准、高质量、高效率推进。按照学校的组织结构及岗位职责，层层压实责任，将责任落实到相应职能部门、院系，并明确责任人。党委、行政领导班子及中层干部要切实发挥好带头表率作用，身先士卒抓好分管工作，而不是甩担子，将责任和矛盾下移。基层每一个师生充分履职尽责，形成强大凝聚力和丰富创造力，推进治理能力提升，有力推动教育事业的发展。

第三，加强督导巡查，提高执行效率。督促检查是保证决策执行的重要手段。

以规范工作、提高质量和持续改进为出发点和落脚点，将日常督导巡查与阶段性督查相结合，既保障决策执行的进度、效果，也对发生的偏差及时纠偏。以问题和结果为导向，找准存在问题的根源，制定切实有效的整改措施，持续强化督促、监督及指导帮扶，确保决策执行不打折扣，执行力持续提高。以推进"双一流"建设对高职院校高质量发展的要求为目标，切实加强治理能力建设，把提高执行力化为全校干部师生员工的自觉行动。

三、强化考核促落实

正向激励与惩处问责并举，推进治理效能提升。目前，我国高职院校多为政府举办的公办院校，行政化的束缚过多，依然沿用"能上不能下"的用人机制，"大锅饭"式的考核分配机制，干事创业的氛围不足，严重制约了高职院校的内涵式发展向纵深推进。高职院校应对照现代治理要求，推行目标管理考核机制、绩效考核机制等，将学校治理的整体目标分解为各职能部门、教学系部、中层干部和各岗位教职员工的目标，目标考核与重点工作考核同步推进，注重考核结果的运用，考核结果与各部门及个人评优评先挂钩，与职称晋升、干部选拔任用、绩效工资直接挂钩，对考核不合格的部门及个人进行问责或惩处，充分激发干事创业、担当作为的良好氛围，推进治理能力持续快速提升。

第三节　充分运用现代信息技术提高治理能力

随着现代信息技术的加速发展，信息化、智能化的大数据平台广泛运用到国家治理、社会生活的方方面面，如浙江杭州率先运用"城市大脑"推进城市治理现代化，为推进治理现代化提供了一个典型优秀样板。2021年教育部下发了《关于加强新时代教育信息化工作的通知》，明确提出"以信息化支撑教育治理体系和治理能力现代化"。运用现代信息技术，推进教育信息化，成为推进高职院校治理能力提高的重要抓手。

一、规范整合信息系统，为推进治理能力现代化提供基础保障

从目前各高职院校所使用的信息系统来看，有办公 OA 系统、学生管理系统、教务管理系统、财务管理系统等，较为零散，不同的系统兼容性不强，跨系统调取、使用平台数据极为不便，数据利用率低，难以实现协同治理。应充分认识信息系统及信息数据在现代治理中的重要支撑作用，围绕高职院校人才培养、教学科研、师资队伍建设等中心工作，集约、规范建设各信息系统，推进各信息平台互联互通，持续推进各信息系统的优化整合，为推进治理能力现代化提供基础保障。

二、充分利用大数据平台，为提高治理能力提供数据支撑

充分利用大数据平台，做好数据的规范采集、存储传输、使用处理和开放共享等工作，打通数据孤岛，全面、精准地掌握学校和师生情况，充分发挥数据效能，为高职院校的科学决策提供强有力的支撑。尤其在一些涉及多部门、跨领域的重大问题决策上，大数据平台重要作用凸显。同时，借助大数据平台，建立规范的工作标准、流程，对各决策执行情况进行及时追踪记录，可有效监督执行效果，及时发现问题，解决问题，助推治理能力提升。

三、促进管理服务流程再造，提升治理效能

聚焦多部门协同推进工作的痛点难点，以信息化手段优化办公流程，提高办公效率。推动高职院校的信息平台与政府、企业平台对接，全面梳理面向师生、员工、企业的各项管理服务，建立一体化教育服务平台，推动管理服务"一网通办"，精简办理流程，切实提升治理效能。

第六章　构建基于第三方视角的
高职院校治理监管体系

随着我国职业教育的不断发展，高职院校的综合治理能力明显提升，治理体制建设逐步完善，改革取得实效。实现了从一元管理到多元治理的转变，目前形成了以政府为主导，行业企业、社会组织以及高职院校、教师、学生、管理者等利益相关主体多元共治格局下的高职院校治理体系。为了更好地保障高职院校治理质量，必须引进第三方机构，构建基于第三方视角的质量评价标准，对高职院校治理能力建设进行多维度评估，合理运用第三方机构的评估结果对高职教育治理质量进行监控，及时纠偏、诊改，从而更好地保障质量提升。

第一节　监管主体

一、监管主体多元化

（一）在利益相关者视角下的主体多元化

职业教育经过不断的发展，其背后所代表的利益主体逐渐变得复杂起来，政府、各种社会组织包括个人都可能逐渐演变为职业教育的需求方，因此职业教育中包含的利益关系变得十分复杂。职业院校有公立类学校和私立类学校之分，公立学校属于社会组织，而且是公益性的社会组织，建立公立职业院校的目的是培养高质量的人才，这些人才将来也会投身于社会的发展，所以公立学校可以说是一个为了服务社会发展而建立的公益性组织。而私立学校主要由企业参与投资，是一个营利性的社会组织，私立学校同样是为了培养较为优质的人力资源，但是它们往往会把经济效益放在比较重要的位置上。政府在这样的利益关系中扮演购买者的角色，职业教育服务大多由政府来参与投资，其目的是希望获得具备良好职业技能和职业知识的新时代职业人才，从而让这些人才能够在社会各个方面的发展中起到关键性的作用。

学生及其家长也是职业教育服务的购买者，他们也属于利益相关方，目的是在接受了职业教育之后，学生能够获得相关的技能，从而更好地参与到未来的工作之中。而既然有利益相关者，也有参与其中的组织，自然需要最大限度地平衡与满足利益相关者的需求，只有这样，各个组织才能实现他们原本设定的目标。在现代职业教育治理体系的构建之中，要明确治理对象的共同利益，这也是在说要把利益主体的利益弄清楚，要想实现更好的治理，就意味着要实现利益相关者的利益，让所有参与到职业院校治理的各个利益者都能在利益方面达成一致①。由于主体的多元化，在进行现代职业教育治理体系的构建时，必须要把所有参与主体的利益都考虑到，不能仅仅只把某个单一主体的利益作为重点。为了更好地让利益关系和谐，要把各个主体的利益都最大化，这是实现现代职业教育治理体系构建的一项基本原则。由于现代职业教育治理在根本上是一个民主过程，它实现各类利益主体在权利和义务上的划分和协调管理，这意味着本质上目前职业院校的治理监管体系的主体应该是多元化的。

（二）多元共治教育实践

改革开放 40 多年来，我国的经济发展取得了巨大成就，发生了天翻地覆的变化，经济总量稳居世界第二位，综合国力显著提升。我国的经济体制也随之发生了深刻的变革。例如随着市场经济的深度发展，市场经济成了我国社会经济体制的重要组成部分。而经济体制的改革也带来我国各种社会体制的改革，之前由政府大包大揽的管理体制已经被逐渐打破了，新的机制慢慢发展起来。而随着市场经济渗透到社会领域的各个角落，市场管理体系在国家行政管理体系之外独立地建立起来，在这之中由社会组织主导的市场化新体系也被建立起来了。随着我国全面深化改革的发展，市场机制逐渐在资源配置中起到越来越重要的作用，新的社会治理体制、机制也在逐渐建立完善。很多制度都在健全之中，而内外部的环境也在不断改善，因此市场机制发挥出了比较重要的作用，社会组织的独立性和功能性也逐渐地显露出来。

在经济体制改革的大背景下，参与职业教育的社会组织数量也逐渐扩大，

---

① 潘锡泉. 高职院校治理模式创新："治理"和"自理"的耦合［J］. 职教论坛，2017（22）：43-48.

而社会组织参与职业教育的模式和机制也比传统模式和机制要更具创新性，目前新的模式和机制正在健康地发展。包括社会组织在内的多主体获得了参与职业教育的动力，他们希望进入高职院校的治理体系之中，完成对高职院校的外部治理。政府部门、高职院校、行业企业、社会组织等主体所形成的多元主体治理模式基本上被建立起来，这些多元主体将共同推进高职院校治理体系的建设，从而实现多元共治格局。

党的十八大以来，我国许多高职院校都在对职业院校治理能力的提升探索中提出了多元共治的理念，希望能够建立起多元主体责任制的职业院校治理新格局。基于利益相关者的理论建立起了多元共治的治理理论框架。在实践中，一些职业院校在政府的主导之下建立了多元主体共治制度，开创了"政校行企"合作办学模式和合作育人机制。而在高职院校的内部，学校建立起党委领导下的校长负责制，明确了党委和校长的权责。或是董事会以及理事会制度，董事会能够对高职院校的宏观发展做出决策，而理事会主要是对决策进行执行，而校长更多扮演的角色是高职院校的管理者。只有把高职院校内外部综合治理体系完善起来，才能够建立良好的高职院校多元共治制度。通过多元共治的尝试，促进了高职院校办学体制的改革和发展，也保障了高职院校教育质量的稳步提高，更好地推动高等职业教育治理现代化发展。

（三）多元主体履行责任途径

第一，要发挥政府的主导作用，完善高职院校治理多元共治体制建设。政府作为责任主体，应该发挥其主导作用，让政府职能部门的功能体现出来。例如政府需要主动地承担起引领高职院校发展的任务，要回应其他利益相关主体的利益诉求，完善高职院校多元共治体系的法律法规，让高职院校的多元主体共治体系在合法合规的情况下构建。只有这样，才能切实保障各方主体的利益，充分调动各方主体参与办学的热情和积极性，同时多方协同，共同推动高职教育质量的提升，使高职教育更好地服务于社会经济的发展。

第二，要动态调整相关政策。政府在主导高职院校的治理中一定要明确职业教育的发展方向，要让高职院校多元共治体制在不断的实践中的发展创新。并且随着社会的变化以及多元利益主体对利益诉求的变化，改革高职教育多元治理相关制度，保障职业院校治理体系不断完善，治理能力不断提升，让职业教育更好发展。

第三，内外部治理相结合，综合提升高职院校治理能力和水平。政府的主要作用就是进行宏观调控，保障高职院校综合治理体系建设顺利进行，为高职院校内外部治理工作扫清障碍。职业院校要跳出过去的思维，积极开门办学，将政府、企业、第三方组织等请进来，参与到高职院校的办学中来，深入推进校企合作、产教融合。把多元治理作为高职院校治理的常规选择，从而更好地提升高职院校内部治理能力。

二、政府在高职院校治理中的具体责任

（一）主导者地位

在高职院校的治理监管体系中，处于重要位置的自然是政府，而政府作为监管主体，承担了高职院校治理监管中的主要责任。负责监管的政府主体一般包括各级党委组织及各级政府机关。职业教育，近年来日益受到党和国家的重视。习近平总书记多次对职业教育工作做出重要指示，明确提出了各级党委和政府要努力发展现代职业教育，把职业教育的现代化发展放在更加突出位置上来①。在对 2021 年职业教育工作会议的重要指示中更是强调，各级党委和政府要加大制度创新、政策供给、投入力度，弘扬工匠精神，提高技术技能人才社会地位。所以，高职院校的治理监管必须要依靠政府机关的力量，政府主体必须要主动承担起这些责任。

要实现职业教育治理的现代化，就必须突出政府主体的主导者身份。各级政府要统筹营造促进职业教育发展的良好环境，引导全社会都来关心和支持职业教育的发展。同时，要进一步简政放权，推进职业教育管办评的分离。建立政府宏观管理、学校自主办学、第三方社会组织评估质量的新型质量保障体系。要让政府机构从具体的事务管理中抽离，实现职能的根本转变，使高职院校的治理能力实现真正现代化，从而进一步提升高职院校内部的行政管理效率，让高职院校的治理能力真正地发挥出来，最终让高职院校更好地办学，为社会提供更优质的技术人才。在政府主体的宏观指导之下，高职院校自主办学，社会组织也能参与进来并给予高职院校治理支持，这就能够实现在政府主导下的多元主体共治，使高职院校的治理格局呈现崭新的面貌。

面对高职院校现代治理提出的新要求，地方政府主体正在进行力度较大的管理体制改革，高职院校自身也在进行一系列深刻的改革，所以，省级教育部门与高职院校之间的关系也发生着一定程度上的转变。从目前的管理结构来看，高职院校大部分属于省级政府管辖范围。由于现在的教育环境正在发生改

---

① 孙云志. 我国高职院校内部治理现状调查分析［J］. 职业技术教育，2017，38（21）：61-67.

变，教育资源的争夺也越来越激烈，政府主体必须要发挥自身应有的功能，为调职院校的发展提供良好的外部环境。政府主体在高职院校的治理中首先需要做到科学的宏观调控，争取实现整体利益最大化的目标。作为各种战略和政策的制定者，政府应该积极地营造出一种良好氛围，使职业教育与市场以及社会组织进行高效互动，让职业院校能够更好地找到发展目标，为行业、企业培养更多高素质的劳动者和技术技能人才，更好地为区域经济及行业发展服务，实现多方共赢。

政府主体必须要做好权力清单的公布工作，这也是党的十八届四中全会部署的重要改革任务。把权力清单公布出来，能够让各级政府以及各级相关机构明确地知晓自身的权力范围，消除权力设租寻租空间等现象。李克强总理明确提出，对市场主体而言，"法无禁止即可为"，但政府机关一定要做到"法无授权不可为"。国家制定这样的权力清单制度，是为了更好地提高国家整体治理能力，而高职院校的治理也是在这个范围之内，也要努力达到治理能力现代化的发展目标。另外，政府把权力清单公布之后，要注意对权力进行监管。目前很多省份为了让地方经济得到长足的进步和发展，已经把高职教育现代化建设列为重要工作，尝试将权力清单制度与高职院校的治理结合起来，明确各治理主体的权力分配。在高职院校的治理改革之中，政府主体仍然要拿出大刀阔斧的精神，要让中央的精神落地，在高职院校治理中进行"放、管、服"的改革和发展，引入第三方的评价和监督机制，构建以政府为主导者、高职院校和社会组织为主要参与者的现代化治理格局。

政府主体对高职教育治理的重视，恰恰是社会走向现代化的突出标志。职业院校和本科院校的根本差异就是职业院校的价值导向是实用价值，职业院校培养出来的是技能性人才，他们的个人能力能够很好地契合社会经济发展的需要。随着高职教育的现代化发展和人们认识的不断加深，高职教育的双重属性也被发掘出来。一方面，高职教育拥有教育本身所具有的公共品属性；另一方面，它也是为参与教育的利益相关者服务的，具有私人物品的属性。所以高职教育的多元化特征很明显，政府主体在对高职院校实施管理时要注意根据这些多元化的特征制定相应政策。

（二）监督责任

如法国文艺复兴时代著名的思想家孟德斯鸠所说，要想不让权力被滥用，就需要用权力来约束权力。因此政府要发挥好监督作用，就必须要让监督机关获得监督的权力。在目前我国的高职院校治理监管体系中，权力机构所起到的作用仅仅是在检查工作时进行工作情况的监督，更多考察的是政策执行的结果。但是对职业院校某些政策的执行过程中的监督存在缺失，主要原因也很明显，没有专门的监督机构来进行政策执行过程中的监督。要发挥政府机关的监督功能，就必须设立一个专门的监督机构，对高职院校的办学行为实时动态监督。此外，在第三方的视角之下，要想更好地完成对高职院校办学的监督，还要完善社会监督机制。社会监督是指依托社会组织或第三方的专业机构对高职院校的办学进行监督，属于外部的监督机制，它与行政监督有着本质上的区别，没有办法行使行政权力以及国家权力。

政府主体要积极引导各级政府以及政府机构参与到职业院校的治理中来，并发挥出应有的主导性作用，在职业教育现代化建设和职业院校治理的现代化发展中履行自己应尽的职责。政府机构要引导高职院校建立并完善监管体系，建立完备的督导机构。在督导机构的监管之下，高职院校自主地开展治理工作，有序推进各项工作，并形成一套比较完善的质量保障体系。例如，开展教学综合治理，首先，要设立科学合理的目标，建立评价标准及细则。其次，对教学工作开展内部诊断和评价，最终形成职业技能人才培养质量报告，最后，运用现代化的信息手段，建立数据平台，对教学质量进行实时动态监控、反馈及评价总结，不断推进教学质量提高。另外，还要加强对督导队伍的建设，在专家的选择上要保证质量，使督导队伍拥有高水平，能够提出建设性意见，同时，合理选择各方代表，如一定比例的行业相关专家，一定比例比较了解职业教育的教授专家、人大代表和政协委员，只有这样，督导团队才能更好发挥专业优势，更好地对职业教育中出现的问题进行督导①。

（三）立法责任

在很长的一段时间里，我国职业教育相关的法律法规都处于真空状态，不够健全，因此职业教育的质量得不到保障，很多时候，职业院校的治理难以推进。从 1996 年开始，我国的职业教育方面的法律法规逐渐健全起来，一个重要的原因是在这一年《中华人民共和国职业教育法》正式颁布，对我国的职业教育地位、性质、意义做了全面而系统的阐述，对于促进职业教育的改革和发展起到了极大地保障作用，也推动了我国职业教育的快速发展，特别是高等职业教育的现代化发展，实现了天翻地覆的变化。虽然《中华人民共和国职

---

① 陈智林. 提升艺术类高职院校治理水平的思考：以四川艺术职业学院为例 [J]. 四川戏剧，2017（5）：144-147.

业教育法》在过去的二十多年间对我国职业教育的发展做出了不可磨灭的贡献，但是随着时代的发展，也出现了一些局限性①。特别是进入 21 世纪以后，随着市场经济的高速发展和社会的飞速进步，高职教育也在不断地发展和改革，而在此期间，有一些相关法律法规缺失，跟不上形势发展需要。所以为了让职业教育的发展更具合法性，政府主体需要推进一些政策的落实，让法规落地，从而更好地契合高职教育的快速发展。例如，政府可以加速使一些新的规定成为法律条文，让规则以法律的形式落地，更加具有约束力，还有一种方法是直接重新制定一部针对高职教育的高等职业教育法，建立一套比较完善的高职教育法律体系，让高职院校的治理获得法律的支持，从而让高等职业教育更好地在新时代发展。

法律具有强制性，建立高等职业教育的相关法律，可以有效地解决高职院校治理中的一些问题，并且也能够保障多元化主体的法律地位，让政府、高职院校、企业以及社会组织等主体都能够获得相应的法律保障，并且这些主体也能够明确自身的职责，明确权利和义务，更好地在法律允许的范围内完成高职院校的治理任务，从而更好地推动高等职业教育的进一步发展。在职业教育的利益相关者中，多元化的利益主体很容易导致利益主体之间的利益冲突，在利益冲突下，这些利益相关主体往往呈现出博弈对峙的格局，而非处于相互合作使利益最大化的局面。因此，随着高职院校的治理进入新常态，要想继续发展职业教育，就得通过政府立法，通过法律形式明确这些利益主体的相关责任和权益，使各利益主体达成"契约精神"。法律是国家意志的体现，法律的权威性和强制性规定能够很好化解利益主体之间关于利益争夺的矛盾，从而减少冲突，使高职院校的治理获得法律保障。政府应该与职业教育各大利益主体达成关于高职院校治理的契约，并把这些契约通过法律条文的形式表现出来，通过法律来明确规范，这对职业教育高效而稳定地运行有着巨大的帮助。在商讨利益或者责任义务等时，政府一定要注意明确职业教育利益主体之间的权责和利益，要让所有的利益主体都能够认同，形成高度统一的共识机制。这样做最主要的目的就是让这些职业教育相关的利益主体都能够享有自身应有的权利，但与此同时，也必须履行自身应尽的义务，在平等协商的基础之上，有效推进高职院校治理。

（四）财政责任

随着高等职业教育近些年来的飞速发展，所需要的办学经费也在不断地增

---

① 袁巍，王雪. 高职院校治理取向初探 [J]. 管理观察，2017（17）：134-135.

加，但是我国目前对职业教育的财政投入却出现了一些亟待解决的问题。由于我国处于社会主义初级阶段，且经济社会处于高速发展中，以经济建设为中心要求政府的大部分财政支出都用于经济发展，在工业、农业以及制造业等领域政府投入了很大比重的财政资金，因此在职业教育方面的财政投入有所缺失，而且也没能制定比较完善的财政保障体制，导致职业院校无法得到政府在财政投入上的有力支持。一个很简单的例子就足以说明，由于我国很多高职院校都在省直机关的序列之中，高职院校的教师薪资待遇也是按照省直机关人员的标准来制定的，缺乏灵活性，导致很多高职院校无法吸引高素质的人才来应聘教师职位。

虽然职业教育在近些年来对经济发展的贡献很大，但是从目前来看，政府对职业教育的财政投入还很不够。我国在职业教育方面的投入占比要低于世界平均水平，相对发达国家来说差距更是巨大。随着职业教育地位的提升，政府对职业教育的重视程度也在逐渐提升。近年来，政府对职业教育的投入总量有一定提升，不过与高职院校的建设发展需要相比，还存在着较大差距。除此之外，不同地域投入的不公平也是一个比较严重的问题，国家并没有对经济发达和经济匮乏的地区在职业教育的投入上有着明显的区分，这导致贫困地区人均职业教育经费严重不足。面对这样的情况，中央政府应该重视起来，采用专项拨款等方式保证教育的公平性。另外政府对普通高等教育和职业教育的投入也有明显的差别，由于我国一直以来的教育重点都放在普通高等教育来，对职业教育存在着一定程度上的轻视，所以在财政拨款上职业教育获得的财政拨款也要低于普通高等教育，这对职业教育的发展产生了不利的影响。目前，对于我国大部分公办高职院校来说，政府的财政投入都是最主要的办学资金来源，由于政府财政投入的不足，各高职院校软硬件条件的建设都较缺乏建设资金，限制了高职院校的发展。因此为了更好地实现职业教育现代化，政府主体必须担负起自身的职责，例如，可以从以下几个方面进行努力：

第一，政府要完善职业教育的经费保障制度及体系。对于一个法治国家来说，任何事情法律都能给予最基本和最强大的保障，因此政府在对高职院校的财政体系进行保障时，首先要从立法的层面来进行制度上的保障，把所有的政策都纳入法律中来，让职业教育能够获得基本的财政投入。之前我国的相关法律虽然也对高等职业教育经费的保障进行了一定的阐述，但没有系统性的规定和执行措施，对一些详细的规则没有给予根本性的法律保障。在高职教育的财政来源上，我国的法律规定得比较明确，高职教育的经费投入是由政府、企业以及社会组织来负责，但对于这些主体的具体投入比例没有做出相对具体的规定，只是泛泛而谈，没法起到真正的财政保障作用①。我国政府需要对这些方面进行比较全面而具体的规定，要让高职教育的经费来源有明确的保障，而且要对提供经费的主体进行具体责任上的划分，要保障高等职业教育的经费都能按照法律的规定进行使用。

第二，政府主体要在高职教育上加大财政投入力度。政府要积极协调各方统筹资金确保高职院校的投入，要将政府的财政拨款作为职业教育经费的主要来源，这也就是说政府主体需要在高等职业教育的资金投入上占据主导地位。政府需要充分地认识到高等职业教育对经济发展的重要性，要看到高职院校为社会输送了大量的职业技能人才，这些人才是国家经济发展的中流砥柱。为了更好地培养人才，保障职业教育的质量，从而让高职教育更好地为社会发展服务，政府要对教育经费的结构进行调整，要对高等职业教育进行更大力度的投入。支持职业教育有序健康发展，使高职院校吸引更多高质量的人才来任教，从而培养出更多高质量的应用型人才，为我国人口总体素质的提升做出贡献。

第三，政府财政拨款还要兼顾公平。与普通高校相比，职业教育偏向技能性人才的培养，因此一些实验实训基地和实验设施的建设必不可少，这些基础设施的建设必须要投入大量的资金。所以政府在进行财政投入时，应充分考虑、到职业教育的类型特征，对开展职业教育的实验实训条件建设给予资金保障。当拨款比重增加时，职业教育就能够得到很好的发展，但也要考虑地区之间以及城乡之间发展的不均衡性，因此在进行财政拨款时一定要适当兼顾公平。这不仅能够帮助职业教育获得更加优质的资源，得到更好的发展，也能最大程度上保证教育的公平。如果当地的财政支持不够，中央政府需要提供专项基金来支持帮助经济发展不发达地区，这能够在一定程度上帮助贫困地区的学生们接受更好的教育，从而更好地促进落后地区的经济发展。

三、引导社会组织参与高职院校治理

（一）企业及社会组织的参与者角色

目前高等职业教育的社会地位正在不断地提升，越来越多的社会组织认识到发展高等职业教育是关系国计民生、社会经济发展、影响国家竞争力的重大

---

① 李莉. 治理现代化视域下高职院校班级治理能力研究 [J]. 山东农业工程学院学报，2017, 34（6）：53-54.

战略，因此有更多的社会组织愿意或者实际参与到了高职院校的治理中来，它们逐渐成了高等职业教育治理的主要参与者。高等职业教育的发展进入了一个新的历史阶段，所以在治理上的现代化改革和发展也迫在眉睫。

习近平总书记谈到职业院校的治理和建设时也强调了社会组织对于职业教育的重要性，他明确指出要引导行业企业、社会组织支持职业教育的发展。但是目前来看，作为利益相关者的社会组织及行业企业对于参与高职院校治理并没有太大的热情，即使签订了合作协议，参与了一部分的高职院校的治理活动，但大多只是浮于表面，并没有能够深入合作，深度的参与高职院校的治理，所取得的效果往往一般，对高等职业教育的发展起不到积极的作用。众所周知，市场经济是我国社会主义经济制度的重要组成部分。据国家统计局最新发布的统计数据显示，截至 2018 年末，我国私营企业 1 561.4 万个，占全部企业法人单位的 84.1%。规模十分庞大，资金量占据我国所有企业资金量的60%，如果这些私营企业能参与到高等职业院校的办学中来，相信能够对职业院校的治理起到重要的作用。如何吸引企业及社会组织参与到高职院校的办学中来，与高职院校展开深度合作，共同培育人才一直是摆在职教工作者面前的一项重要"课题"。

（二）完善各种保障制度

如果想要让高职院校与行业企业进行更深层次的合作，从而让职业院校培养出来的人才更好地契合市场真正的需求，那么就要完善各种机制。只有在健全的机制保障下才能吸引企业、社会组织公开透明地参与到高职院校的治理中来，也能更好地发挥社会组织对高职院校的监督职责和作用。

第一，要建立起完善的保障机制。对于企业来说，在与高职院校进行合作时，会产生一定的费用，例如职业院校将学生送到企业参与具体的工作实践所产生的一些训练成本、用于实践活动的厂房费用以及基础设施和材料的损耗。这些成本不应该全部由企业来承担，政府相关部门应该对这些成本进行一定程度的补贴，保障企业的权益。而高职院校方面，在进行校企合作时也一定要考虑到学生作为劳动者的合法权益，要为他们在企业实习期间产生的食宿费用以及交通费用等成本进行必要的补贴。政府要监督把控校企合作的合法正规性，一方面，保障校企双方的合法权益，另一方面，也要确保学生的安全。基于以上考虑，政府应该引导各高职院校结合各处的具体情况，建立起校企合作的长效机制，保障校企合作长期稳定，持续推进。

第二，构建丰富的奖励机制。企业及社会组织参与合作办学最终的目的是获得利润或利益。在企业与高职院校合作的初期，企业对合作的投入普遍较大，但是在初期企业能获得的经济效益补偿其实是不够的，要想实现经济效益的增长需要的周期是很长的。基于这个情况，政府在进行制度与政策的制定时，要给予参与了校企合作的行业企业一定程度的鼓励和奖赏。这些奖赏包括经济上的补偿和一些荣誉上的奖励，比如可以给那些长期进行校企合作的优质企业授予像"优质企业"这样的称号。如果有企业在与高职院校的合作中加大投入力度，政府可以在财政中给予相应的专项扶持补助，帮助企业更好地参与校企合作，如果这些深度参与到职业教育中的企业需要一定信贷服务，政府也应该进行协调，保障这些企业能够优先享受到优质服务，或者可以在政策允许的范围内为这些企业提供税收的减免服务。而对于高职院校来说，政府主体可以把校企合作的开展情况，以及产教结合程度作为评优先评的重要指标。制定如上这些奖励制度，能够激发企业参与校企合作的积极性，从而让他们更好地参与到高职院校的治理中，最终实现高职教育的长足发展。

第三，要完善校企合作的运行机制。校企合作是社会组织参与高等职业教育的良好方式，同时也是培育优质技能性人才的有效途径，高效且长期的校企合作有利于产教结合，帮助经济社会实现可持续发展。因此校企合作受到了来自国务院办公厅和教育部等高层政府机关的重视，他们要求各级政府都要对校企合作进行关注，帮助企业和高职院校扫清校企合作中存在的障碍，让校企合作能够更好地运行下去。而省域政府机关作为企业和高职院校的直接监管者，有必要制定出一些措施来保障校企合作机制的运行，需要协调下属的各类机构研究出一些具体的方法帮助校企合作更好地进行下去。政府机构需要让那些制定好的政策落地实施，保障参与了校企合作的企业能够得到应有的优惠政策，同时也要明确企业作为社会组织参与高职院校治理的责任、权利以及义务，要让企业没有顾虑地参与到职业教育的发展中来。另外，政府一定要注意让企业有渠道来表达自身的诉求，只有高职院校和行业企业在利益方面达成了一致，并且能够实现双方利益最大化，校企合作才能长久地进行下去，从而保障产教结合的有效性，能够为企业和社会培养出所需要的高质量人才，推动企业、社会以及高职院校的共同发展。

第四，引导建设一支高素质"双师型"教师队伍。教师队伍是职业教育的中坚力量，《国家职业教育改革实施方案》中明确指出，要"采取推动企业高技能人才与职业院校教师双向流动等举措，打造专业素质过硬的'双师型'教师队伍。"但是目前我国高职院校"双师型"教师团队的建设还不足，无法对高等职业教育的发展起到推动作用。要加强"双师型"教师团队的建设，就必须从以下几个方面进行：

首先，明确"双师型"教师标准。我国目前的"双师型"教师并没有统一的标准和规定。各高职院校有各的认定标准，大多数院校往往把获得职业资格证书作为"双师型"素质的考核标准，但其实这样的做法时不够科学的，因为职业资格证书考核机制并不够完善，其中存在着很多的漏洞。很多通过了职业资格认证考核的教师其实并没有达到"双师型"教师的标准，他们中间很大一部分人只能算得上拥有"双证书"，没有真正能够进行高职教育的实践教学能力与理论素质。在很多考核之中，都发现所谓的"双师型"教师在理论方面不够达标，在实践能力上也存着不足。为了能够更好地推动高职教育的外部治理，政府需要与高职院校、行业企业一起来制定关于"双师型"教师的科学认定和考核标准，并且一定要保障高职院校中"双师型"教师团队的综合素质，要把真正拥有"双师型"素质的教师纳入高等职业教育之中，让他们更好地为高职教育添砖加瓦①。

其次，需要让"双师型"教师进入企业到具体的工作岗位完成实践活动。对于高职院校来说，他们需要的是一批真正拥有扎实理论基础并且能够有一定实践能力的综合素质出众的"双师型"教师，但是实际情况并非如此，很多高职院校中的"双师型"教师确实具有比较过硬的理论基础，能够在知识上对学生进行教导，但是他们的实践能力并不过关，无法对学生的实践能力进行培养，这其实是与高职院校对于人才培养的目标背道而驰的，因为职业院校的目标就是为社会经济的发展培养出一批应用型的人才。由于教师本身实践能力的不足，应用型人才培养的目标难以达到。所以高职院校的教师需要在政府的引导下进入行业企业对自身的实践能力进行锻炼培养，从而真正地成为"双师型"教师。当教师获得了实践操作能力，就能够通过自己的传授与示范来让学生的实践能力得到培养。只有这样，高职院校培养出来的学生才能够契合具体工作岗位的需求，更好地适应企业的需求，同时也能够更快投身于社会经济的建设发展之中。

最后，要开辟兼职教师引进的绿色通道。这要求地方政府人社部门要健全职业院校教师编制的动态管理机制，预留一定比例的教师岗位，这些预留的教师岗位用于聘请企业兼职教师。在教师职称评审权下放到高校后，对在校兼职

---

① 冯遵永. 我国大学内部治理中学生参与研究 [D]. 徐州：中国矿业大学，2019.

达到一定年限的企业人员允许其申报教师系列职称，不占用学校相应职称等级的岗位编制。建立管理经验丰富、专业技能出众的企业人员兼职教师人才库，运用大数据建立省（市）级企业兼职教师互联网管理平台，使职业院校聘请企业兼职教师变得更加方便快捷。

（三）改革高职院校治理体制

随着高职教育的发展进入新常态，各方都在努力探索一条能够让职业教育实现更高质量发展的路径，而国家层面对职业教育的改革和发展也是非常重视的，国务院明确指出了要加快职业教育现代化的发展。而职业教育现代化的发展就需要对职业院校的体制进行改革，可以发展股份制以及混合所有制的高职院校，使资本、知识、技术以及管理等要素都进入高职院校。目前，我国的高职院校体制改革正在逐渐推进之中，而且改革的力度很大，一些新的发展路径正在被探索出来，高职院校有望建立起新的体制，从而使得高职院校不断发展和改革，而以下几点就是高职院校治理体制改革的具体方向：

首先，民办高职院校探索董事会机制改革。据最新统计数据显示，2020年，全国共有民办学校18.67万所，占全国各级各类学校总数1/3以上，民办教育。成为教育事业的重要组成部分。2021年5月，新修订的《民办教育促进法实施条例》颁布，鼓励各类企业举办职业教育。企业办职业教育成为新的热点。从现有民办高职院校的治理体制改革来看，改革董事会体制是一个不错的选择。改革董事会形成一个新的治理架构，在这个新的治理架构中，高职院校成了一个新型的职业教育集团，能够邀请包括行业企业在内的各大利益主体参与到这个集团的董事会中。而由各大利益相关代表所构建的董事会，需要有理事会以及管委会等部门，它们是这个职业教育集团的决策机构，能够让高等职业教育的治理更具条理也更加科学。新的职业教育集团在党委领导下开展高等职业教育活动，并且在治理中由董事会来负责做出上层决策，由董事会之下的理事会来监督这些决策的执行，新构建的教育集团仍然由董事会选举出校长，校长负责执行董事会的决策，这种架构能够推动高职院校治理体制改革，使得高职院校治理朝着现代化的方向发展。

其次，公办高职院校探索建立混合所有制模式。2014年2月，李克强总理主持召开国务院常务会议时，首次提出职业教育进行混合所有制改革的思路，加快发展现代职业教育，经过多年探索，已取得了一些积极进展。混合所有制是公办高职院校一种新的办学模式，改革开放以来，公办企业进行了混合所有制的改革并取得了惊人的发展，因此高职院校也可以尝试开展混合所有制改革，这有助于让行业企业更深层次地参与高职院校的治理。而混合所有制改革可以通过股权转让的形式来进行，高职院校可以把股权出售从而进行所有制的改革，也能够让资本并购高职院校的股份从而参与到高职院校的办学中来。除此之外，高职院校还可以通过员工持股以及与企业合作来办二级学院的方式对原本的公有制体制进行改革，探索出一条混合所有制改革的路径来。当高职院校进行了混合所有制的体制改革之后，行业企业就能够通过注资持股的方式深度参与高职院校的治理，并且能够主动地进行校企合作，避免过去校企合作大多浮于表面的现象，激发企业校企合作以及产教融合的积极性。

当企业成为高职院校的一部分时，他们就愿意帮助高职院校引进"双师型"的职业教师，让学生更好地参与职业实践，不至于出现学生顶岗实习走过场的现象，从而更好地帮助职业院校培养优秀人才，从长远上来看能够促进职业教育的发展①。在建立混合管理制度时，高职院校要注意对一些权力进行分离，例如办学权、财产权以及经营权，通过权力分离的方式可以达成权力上的制衡，有助于多元主体更好地参与职业院校的治理。权力上的相互制衡是现代法人治理结构的良好表现，有助于让企业更好地拥有相应的权力，同时也让高职院校不失去原本拥有的院校所有权，把监督的权力给第三方企业以及政府机关，这样才能使高职院校的综合治理体系更加完善。

最后，拓宽外部投资渠道。利用社会募捐的形式可以很好地使这些利益主体参与高职院校的治理。但是目前的情况是我国高职院校的校友会对高职院校的捐赠还很少，远低于国际水平，同时行业企业以及其他企业对高职院校的捐资总量也不够乐观。所以，对于高职院校来说，要争取来自社会各界的捐赠，这些外部支持对高职院校的建设非常重要。高职院校需要这些来自社会名流和企业家的捐赠，同时还有利益相关者例如学生、家长的募捐，这些资金上的捐助有利于多元主体参与高职院校的治理。要想获得更宽广的外部投资渠道，高职院校需要利用一些方法或者制定一些策略，例如可以利用舆论的宣传作用来使企业家注意到高职院校对社会发展的重要性。同时为了鼓励企业家或者社会名流捐资助学，高职院校可以授予他们一些荣誉或奖励，例如可以用他们的名字来命名学校中的建筑。要形成一种捐款助学的氛围，用表彰的方式来吸引更多的社会组织参与对职业教育的投资捐助。

---

① 毕宪顺. 权力整合与体制创新 [M]. 北京：教育科学出版社，2006.

第二节　质量标准

"十四五"时期是我国全面建成小康社会、开启社会主义现代化强国新征程的关键期,《中华人民共和国国民经济和社会发展第十四个五年规划和2035年远景目标纲要》(以下简称《规划纲要》)提出:"把提升国民素质放在突出重要位置,构建高质量的教育体系""优化人口结构,拓展人口质量红利,提升人力资本水平和人的全面发展能力"①。据统计,2020年全国普通高校2 738所,其中高职(专科)院校1 468所,占高等教育半壁江山,为新时代中国特色社会主义建设提供了有力的人才支持,高职教育质量将直接影响国民素质提升及社会主义现代化建设进程。

一、高职教育质量多维度评估模式建设

(一)推进多元主体参与

从高职教育的类型教育属性出发,注重评价体系的开放与合作,积极发挥各利益相关方的协同作用,推进共建、共治、共享②。政府主要承担顶层设计、价值引领、主导及监管职能。政府要制定宏观政策,引导高职教育确立科学的育人目标,确保正确的教育发展方向,实施宏观管理和分层分类指导,引导各校合理定位、办出水平和特色,切实提高办学质量;进一步简政放权,制定鼓励激励措施,引导行业企业及社会各界广泛参与。各院校积极转变观念,化被动为主动,强化质量意识,完善质量内控及保障机制,将质量评价与控制贯穿于人才培养、专业建设、课程开发、教学及管理服务全过程,持续改进,切实提高服务经济社会发展和人的全面发展的水平。行业企业及第三方专业组织应成为评价主体。行业企业是人才培养的直接受益者,应全过程参与到评价中去,对人才培养目标、教学基本要求、专业设置、课程开发、教材建设、课堂实施及实验实训等进行评价,协同参与质量的诊断与改进。第三方专业组织主要指教育政策制定者与执行者之外的专业性、独立性组织,包括研究机构、

---

① 中华人民共和国国民经济和社会发展第十四个五年规划和2035年远景目标纲要 [N]. 人民日报, 2021-3-13.

② 高丽娟. 基于教育公共治理视角的高职教育评估探索 [J]. 湖北成人教育学院学报, 2021 (1): 20-22.

专业评估机构及各行业协会、专业学会、基金会等①。积极培育、规范第三方专业评价组织，充分发挥其评价与监督职能，加强信息沟通反馈。突出学生的主体地位，鼓励学生参与各种形式的质量评价。

（二）建设第三方评估体系

高职院校要保障自身治理质量，需要对自身的治理能力进行评估和诊断，这能够激发高职院校内部对于治理质量提升的动力，也能够让高职主体作为职业院校主要负责者肩负起治理的责任。高职院校治理能力提升以及职业技能人才的培养是高职院校发展的主要方向，高职院校所做的一切努力都应该对标这两个基本的任务，高职院校只有肩负起对于自身治理质量的保障，才能适应新时代对高职院校的要求，这是经济发展的源泉，也是国家和社会发展的基石。在国家对高职院校的基本要求中，治理能力的自我诊断与改进就是高职院校所要进行的重要工作。各高职院校必须明确自己的办学理念，要把办学理念融入日常的治理中，并在实践中不断地调整自己的目标。以目标为导向实施自我诊断和监控，促进治理能力提升。对高职院校来说，首要的就是建立保障自身治理质量的各种制度，必须要落实高职院校关于治理监管的主体责任，要进行全方位的质量监管，确保高职院校的治理能够在新常态中稳定地发展。

在高职院校的治理中，第三方的质量评估体系能够帮助高职教育全面深化改革，并且第三方的质量评估体系也属于高职教育治理体系中的一部分，能够推动高职教育朝着现代化的方向发展。但是目前第三方的质量评估体系在并没能完整地建立起来，这其实与我国参与高职教育质量评估的第三方评价机构的数量不足且能力水平较差有关，第三方评估机构不能够很好地满足高职院校质量评估的要求。政府主体需要在第三方评估机构的建立和完善上发力，积极引导、培育建立各类专业的第三方评估机构，让第三方评估机构能够全方位且立体化地完成对高职院校质量标准的建立、质量监控、督导及评估，要让第三方评估机构在高职院校的质量评估中形成一个完整的体系，这样才能够促进高职院校提升治理能力，从而更好地发展职业教育。

（三）改革评价内容与标准

第一，树立科学的质量观。《深化新时代教育评价改革总体方案》的一大亮点就是回归教育本真，强调立德树人根本，充分发挥职业教育的育人功能，

---

① 周志刚. 职业教育质量评价体系研究 [M]. 北京：经济科学出版社，2018：246.

以德技并修为主线，将学生的职业素养、工匠精神的培养作为评价的重要指标[①]，贯穿于各类评价中。第二，2019 年实施"双高计划" 3 年扩招 300 万，标志着高职教育迎来重要发展机遇期。评价内容标准要更契合新时代赋予的人才供给结构改革、打造高质量专业技术人才队伍、终身教育等新使命，重点评价高职院校的产教融合、校企合作、育训结合、"双师型"教师队伍建设、学生获取职业资格或职业技能登记证书、毕业生就业质量等情况，加大职业培训、服务区域和行业的评价权重，推动健全终身职业技能培训制度[②]，切实推动高职教育与经济社会同频发展。第三，结论性评价与动态发展评价相结合，既关注发展现状，也关注可持续发展的增量和动态发展指标，切实以评促建、以评促改，推进内涵提升。

（四）制定质量评估标准

政府部门和行业相关企业作为高职院校治理的主体，需要参与制定一套高职院校办学质量的评估标准，拥有了一套完善的质量评估标准，第三方评估机构才能更好地参与到高职院校治理能力的质量评估之中。质量评估标准的建立需要一些政策上的引导，政府需要用一些激励机制来吸引第三方评估机构参与到高职院校治理质量的评估中来，同时企业也必须要给予足够的支持，只有这样才能更好地完善第三方评估体系，使高职院校质量评估顺利进行。第三方评估机构必须要接受行业的检验，具备一定的质量评估能力，同时评估过程要规范，不能出现违规违纪的现象。当第三方评估机构发展到一定程度时，政府主体需要对第三方评估机构进行标准化、规范化的要求，这能够帮助第三方评估机构更好地服务于调职院校的发展。评估标准的来源一般有以下几种：

1. 督导评估

首先，健全高职院校质量督导评估制度。从目前的形势来看，高职教育需要适应社会的发展契合行业的需求，因此高职院校需要提高整体的治理质量，从而培养出能够让社会满意的优秀人才。国务院的教育督导部门明确地指出了高职院校的发展需要适应社会需求，这意味着高职院校的一大发展目标就是要对标新要求，加强教育内涵建设。高职院校想要更好地实现整体教育质量的提升，就必须要深入推进产教融合，促进校企协同育人，将办学活力更好地激发

---

① 汤霓. 深化新时代职业教育评价改革：问题与思考［J］. 上海教育评估研究，2021（1）：44-59.

② 中共中央国务院印发《深化新时代教育评价改革总体方案》［EB/OL］.（2020-10-13）［2021-02-27］. http://www.gov.cn/zhengce/2020-10/13.

出来，切实提高高职院校的人才培养质量，从而更好地推动经济的发展；而高职督导评估机制的建立就是为了使高职院校更好地提高教育质量以及治理能力。为了更好地完成督导评估，就必须完善督导评估制度，督导组织在质、量两方面都应对高职院校的治理能力提出要求。督导评估的具体作用就是监督和指导，要对高职院校完成督学、督政，使高职院校专注于治理能力的提升，同时也要对高职院校的办学进行宏观指导，使其能够明确朝什么方向努力。

其次，合理运用督导评估结果。对于高职院校来说，一定要按照督导评估的要求来完成对自身办质量的评估，在完成质量评估之后可以撰写一份评估报告来强化对督导评估结果的理解。这个评估报告要引起高职院校的高度重视，需要把这个报告公布在学校的官方网站上来接受社会各界监督、评价，同时要把报告呈报省级教育部门。国务院教育督导委和省教育行政部门等对各高职院校进行监督、检查，形成质量评价报告，也需要向社会公布质量报告，这些报告就是督导评估的结果。对于国务院督导委来说，要针对评估结果向那些问题比较严重的省份提出相应的改进意见，同时要对这些省份的整改进行监督和指导，让他们能够发现问题、理解问题并且解决问题。而对于省级的教育部门来说，需要有针对性地对这些问题进行改进，并且要对问题严重的高职院校提出相应的改进意见，让他们能够把问题化解[①]。督导评估的结果自上而下地发挥其应有的作用，每一级的责任主体都需要认识到督导评估结果的重要性，并要很好地运用督导评估的结果，把工作的重心放到自身问题的解决上来。对于省级教育行政部门和高职院校来说，不能对问题遮遮掩掩，必须要及时把督导评估的结果对外公开，要根据督导评估结果进行奖惩。通过这些措施，督导评估的结果才能得以运用，督导评估的作用方能真正发挥出来，从而真正促进高职教育的质量提升。

2. 第三方评估

第一，健全第三方参与高职院校治理质量评估的制度。由于高职院校治理质量评估的需求增加，专业的评估机构正如雨后春笋般建立起来，这些专业的评估机构与行业协会等社会组织一起参与到高职院校治理质量评估的体系建立之中。第三方评估和内部评估在高职院校治理质量的评估中应该有着同样重要的地位，这就要求内部评估与外部评估相结合，只有这样才能完善高职院校的

---

① 赵锋. 一流高职院校治理能力提升策略探析：基于权变理论视角 [J]. 职业技术教育，2016，37（16）：19-23.

治理质量评估体系。作为高职院校治理体系的主体，高职院校需要主动地来购买第三方的质量评估服务，要让第三方机构对高职院校治理中存在的问题进行全方位、立体化的评估，从而让高职教育的内部治理更好地开展下去。

第二，让第三方评估发挥作用。对于职业教育管理的主体之一的政府来说，需要高度重视第三方评估，要为第三方评估的发展提供足够的支持。政府需要保证第三方评估的公平公正性，同时要让第三方评估机构在透明的环境中完成对高职院校治理质量的客观评估。对于高职院校来说，一定要重视第三方机构对于学校的评估结果，要按照这些评估结果来进一步解决在职业教育办学中存在的问题。同时要进一步完善高职院校的治理体系，在政府、职业院校以及社会组织多元主体的共同努力下，第三方评估机构才能发挥其独立且公正的评估作用，从而使职业院校的外部治理质量评估得到应有的保障。

3. 高职院校内部自我评估

目前来看，高职院校在内部进行质量评估时有一个完整的机制，在教育部的指导下进行，而且要面对省级政府机关的统筹管理。在这种情况下，院校首先自主地开展办学质量的评估、诊断，而后由政府主体进行抽样复核。但是目前抽样复核的力度并不大，没能覆盖所有高职院校，最低的标准仅为25%，不利于高职院校整体办学质量的提升。由于在内部治理质量评估中存在着一些漏洞，在新一轮的高职院校质量评估结果检测中，需要对此前的评估体系进行完善提高。政府在院校治理质量自我评估体系改革中需要发挥出宏观组织作用，要对高职院校指导、监督和约束，争取把抽样复核改进为全体复核，从而提高高职院校对自我评估重要性的认识，把重点真正地放到高职院校治理能力自我评估上来，从而落实高职教育治理的主体责任。

4. 健全质量评价运行机制

对照现代治理体系和治理能力建设要求，以推动政府、高校、社会新型关系为主线，健全决策、执行、监督、结果反馈与运用的运行机制，常态化评价与专项评价结合。依托大数据平台和智能化手段[①]，加强基础信息的采集、分析及利用，充分挖掘数据信息，进行纵向发展动态及横向对比评价。各院校健全制度执行及落实机制，对照评价标准，进行常态化质量监控与保障，将评价重点前移，抓源头、重过程，切实发挥质量评价的导向、鉴定和调控作用[②]。

① 刘磊. 试论新时代职业教育评价改革新动向 [J]. 上海教育评估研究，2021（2）：49-53.
② 石伟平，唐智彬. 增强职业教育吸引力：问题与对策 [J]. 教育发展研究，2009（29）：20-24.

各级政府通过委托或购买服务等方式，积极支持第三方专业性组织对高职院校的人才培养、专业建设、区域及行业影响力等进行综合性或专项评价，及时公布评价结果，接受社会各界监督。科学有效运用评估结果，政府可依据评估结果科学施策，发挥典型示范引领作用，鞭策后进；各院校则依据评估结果对自身办学进行动态调整，发挥优势，补齐短板，大幅提升教育质量，为促进经济社会高质量发展、实现强国目标提供优质人才保障。

二、高职教育质量标准建设策略

（一）根据专业标准确立教学目标

首先，在我国各种教育质量标准的建设中，关于高等职业教育专业类教学质量的国家标准的建设还不够健全。因此对于高职院校来说，要坚持以学生为中心，以成果为最终导向，在突出人才培养质量标准的基础上，树立起专业教学质量的目标。地区之间、院校之间的标准不一样，导致专业教育质量标准难以建立，而国家标准的建立能够缓解标准不同造成的矛盾与障碍。国家标准需要对所有专业进行规划、建设，要实现面向全部专业的教育质量国家标准的建设。国家标准要明确地规定每个接受高等职业教育的学生都要掌握所学专业的基础知识、专业知识，以及未来能够在工作岗位上加以运用的职业能力，要把这些能力都作为专业的教学标准来进行统一的规定，要对各类专业的基本教育质量进行保障。

其次，在进行专业类教学标准的设定时，还要把基本的应用作为标准的重点，因为对于职业院校来说，所进行的教学培养工作都是以职业技能作为导向的，所以在设定专业标准时，要注意在能力本位的视角下完成对学生核心素养的培养，要把学生的专业能力培养和综合能力的发展作为专业标准建设的重点。另外，在进行专业标准的建设时，也要把基本的学术标准纳入其中，让学生能够获得专业能力、职业通用能力以及关键能力的综合发展，尽量地契合具体工作岗位的需求以及社会发展的要求①。

再者，在进行专业标准的建设时还要考虑高校是否进行了产教结合，要把校企合作的结果作为专业标准构成的核心要素之一，要努力让高职教育服务于区域经济的发展。在专业标准的指导之下，要重新树立起科学且完善的技能性人才培养目标。推动职业人才的可持续性全面发展。专业标准的建设还要考虑

---

① 张驰. 学校法律治理研究 [M]. 上海：上海交通大学出版社，2004.

职业院校培养出来的学生的社会适应度以及社会各界对毕业生的满意度。

最后，专业标准的建立有一个基本的立足点，那就是保证以学生为中心，如果脱离了学生的具体情况，那么专业标准的建设也不具备合理性。而且专业标准对学生在接受高职教育时提出了一些最基本的要求，那就是学生需要在实践中学习，也要把学到的知识运用到实践之中，知行合一应该成为学生在学习与实践中的原则，因为职业教育突出的就是对人才的应用能力的培养。高职院校的教育模式应该在专业标准下重新进行改革，要让学生把实践和学习相结合，要在课堂教学中完成对基础理论知识的学习，而在实训中心进行的就是具体实践能力的培养，知识只有与技能结合起来才能发挥出应有的作用。专业标准的建设同时要求高职院校在对学生的培养中激发学生主动学习的积极性，要让他们把理论知识实践化，完成知识能力、实践能力以及行业能力的综合培养。

（二）根据保障标准建设教学条件

第一，要对师资队伍建设标准进行设定。在设定师资队伍建设标准时要符合定量和定性的要求，例如要对师资队伍的年龄结构设定定量性的标准，要让参与职业教育的师资团队具有合理的年龄结构。而在专业的师生比上也要制定标准，不能够出现一个教师对数量庞大的学生群体进行教学的现象，要在每个专业都配置两个以上的教师，这样才能对教学质量进行对比和检测。除此之外，对专业教师的学历结构也应该有一定的定性要求，要组建一支高学历、高素质的教师团队。另外要建设一支"双师型"的师资队伍，因为高职教育对教师的理论知识素养和专业能力素养都有一定的要求，所以"双师型"的教师团队能够很好地帮助学校完成高质量人才的培养。根据保障的标准推进师资队伍建设时还要注意教师必须拥有该专业的相关行业背景，这样才能够使学生的实践能力在学习中得到提升。

第二，要根据保障教育质量的标准来建设教学基本条件。对于高职院校来说，要想更好地完成对技能性人才的培养，就必须要完善最基本的教学设施建设，只有完善了最基本的教学软硬件条件，正常的职业教育才能够进行下去。高职院校要建设契合专业要求的良好办学条件，为师生提供良好的教学、科研及学习条件，为教书育人提供基础保障。高职院校也要对教学经费的投入制定一定的保障标准，要把教学经费良好地运用到职业教育的建设中。由于职业院校看中学生的实践性，那么一些最基本的实训环境的建设应该纳入保障标准之中，这样才能够让职业教育在有保障的条件进行下去，从而更好地提升高职院校的教育质量。

第三节　质量监控

一、政府主体对第三方评估质量监控的保障

（一）第三方质量评估的发展及现状

在 20 世纪 90 年代，为了让职业教育实现现代化的发展和改革，国家改革了对高等职业教育的宏观管理，并对高等职业教育在治理质量的评估上提出了一些要求，做了一些重要的规定。1999 年，教育部组织成立了调职高专教育人才培养工作委员会，对高职高专的质量评价进行研究与实践。当时国家对高职院校评估的要求形成了一个比较全面而具体的体系，评估的起点是高职院校对自身能力的评估，而之后要经过专业人士以及具体的行业企业来进行下一个阶段的评估，并把这两个阶段的评估作为高职院校质量评估的重点，然后再交给政府的教育部门来完成最后的质量评估，并且当时国家明确指出了也应该鼓励社会组织参加职业院校的质量评估。这是改革开放以来我国首次对教育评估做出一定的阐述，并且把教育评估作为一个重要的政策来进行说明。但是毕竟那时处于 20 世纪 90 年代，我国的高等职业教育事业还处于起步阶段，一切都还在建设之中，因此那时所制定的政策还有一定的计划经济色彩，尽管如此，这也算得上是我国高等职业教育评估的开始。在那之后到 21 世纪初，我国的教育评估又经过了经年累月的尝试，一步步地摸清了道路，逐渐让教育评估成为开展职业教育时的一项常规性工作，并且逐渐地意识到民主评估的重要性，明确地指出要建立起关于教育评估的机构。但是当时很多政策的制定和推行都忽略了第三方评估机构的重要性，这时的第三方评估制度并不完善。

我国教育体制改革开展得较晚，使得高等职业院校的质量评估在我国也开展得比较晚，很长一段时间里，我国在职业院校的质量评估领域的研究几乎为空白，这也在很大程度上限制了高职教育质量第三方评估的发展。这种情况到了 2005 年才有所改善，这一年教育部颁发了《教育部关于推进高职高专院校人才培养工作水平评估的若干意见》（下称《意见》），《意见》对高职院校的评估做出了明确的要求，这意味着我国高职教育的评估工作正式有了进展，

并且在《意见》中教育部规定了高职院校的教育评估需要五年进行一次①。而在那之后我国的职业教育质量评估有了新的变化，在教育部的监督和指导下，各省都开展了关于职业教育质量的评估工作。虽然高职教育质量评估的工作已经开展起来，但是大部分都是在政府的指导下进行的，以督导评估作为重要的评估标准，关于第三方机构的评估研究虽然有所开展，但是范围还不够全面。

直到 2010 年左右，经过了不断的探索和发展，我国职业教育质量评估走上了现代化的改革发展道路。国务院、教育部明确地指出要改革原有的质量评估标准以及质量评估体系，提出在政府的主导下，让学校、行业企业以及学生家长、第三方评价组织、个人作为职业教育利益相关主体参与到高职院校质量评估中来，由此我国关于高职教育质量的第三方评估体系正式建立起来。目前，职业教育的第三方评估已经逐渐成了高等职业教育外部治理的重要组成部分，教育部明确了第三方评估机构对于职业教育质量评估的重要性，并要求建立起以行业相关企业为主导的第三方评价制度。2020 年出台的《深化新时代教育评价改革总体方案》为评价改革指明了方向。新时代的高职教育质量评价要贯彻新发展理念，充分凸显类型教育的地位和作用，以服务高质量的现代化经济体系建设、实现更高质量更充分就业、推进职业教育现代化为目标，深入推动管办评分离，多元协同共治、共建、共享，建立健全评价质量体系，不断提升办学质量。到现在，我国职业教育治理质量的第三方评估已经逐步建立起来并且得到了完善，政府、职业院校以及社会组织等利益相关主体也都非常关注第三方评估机构对于高等职业院校质量评估的结果，并且以此来推进职业教育治理的现代化改革。

（二）保障第三方评估制度

随着社会的不断发展，教育治理体制的改革势在必行，而高职教育要想完成教育治理体制的改革就必须实现高职院校治理的现代化发展。高职院校治理现代化的重要标志就是转变政府职能，并且厘清政府、社会组织以及学校等多元主体之间的关系。高职院校现代化的治理格局就是要在政府的主导下完成高等职业教育上的管、办、评分离，政府要实行简政放权，使高职院校能够依法办学、自主办学，行业企业、各类社会组织能广泛地参与到高等职业院校的治理中来。为了实现高等职业教育的现代化发展新格局，必须要保障高等职业院校的治理质量，要让第三方机构发挥专业优势，客观公正地对各高等职业院校

---

① 孙践. 基于核心竞争力的四川民办高校内部治理研究 [D]. 成都：西南民族大学，2018.

治理质量进行评估。要保障第三方评估地顺利实施，就必须健全相关制度，具体可以从以下几个方面来展开：

第一，在法律地位上对第三方评估进行保障。法律具有最根本的保障力量，能够帮助国家保持稳定发展，也能够让社会各方面的工作和谐开展。每个公民的基本权利都要靠法律来维护和捍卫，正是有了法律的存在，社会才能够正常运作起来，形成一派安定稳定的局面。对于我国来说，法律、行政法规、地方性法规以及部门的规章制度构成了最基本的法律体系，国家的治理就是依靠这个法律体系来进行的。而在这个法律体系之中，宪法是我国最根本的法律，属于法律中的上位法，通常按原则来讲，上位法要高于下位法；法律是由全国人大或其常委会来制定的；行政法规是由国务院制定的，不过其法律效力在法律之下；而地方性法规基本上是由省级人大制定的，它的法律效力在行政法规之下；至于各部门的规章制度，是由中央之下的各大部委来制定的，它的法律效力最低，在地方性的法规之下。

虽然我国有着以上比较健全的法律体系，但是在第三方评估制度的保障中，我国的相关法律显得有些缺位，没能在这方面建立起科学完善的法律法规。法律的缺位也限制了我国第三方评估机构的发展，不利于高职院校治理质量评估体系的建设。所以，为了更好地推动高职院校治理质量第三方评估的发展，必须要尽快落实关于第三方评估的法律保障，通过立法第三方评估制度具有法律效力，有效保障第三方机构在高等职业教育质量评估中的独立地位，才能很好地保障第三方评估制度的健全和发展，从而推进我国高等职业教育治理质量评估走向科学化与规范化。

为了更好地促进第三方评估立法，可以从以下两个方面来进行具体的操作。一方面，第三方评估机构在本质上属于社会组织，是民间的一个评估机构，而我国对于这类民间组织有一个比较具体的定位，那就是统称的民办非企业单位，也规定了这类民办非企业单位在行政层面上属于民政局管理。那么，可以将高等职业院校治理质量第三方评估作为民间组织参与高等职业教育治理的方式，第三方评估机构作为民间组织，对于高职院校治理质量的第三方评估的各项实施都具备合法性。另一方面，还可以从职业教育评估的层面推动法律的建设，要在法律上明确地把第三方机构作为参与高职院校治理质量评估的主体之一，要在法律层面为参与高等职业教育治理质量评估的第三方机构提供应有的保障，从而更好地建立起高职院校治理质量的评估体系。

第二，对第三方评估机构进行资格认证。由于西方国家民主体制形成得较早，在国家体制的不断发展和改革之中，这些国家对教育领域的第三方评估机构有着开放且包容的态度。有的时候，第三方评估机构作为一个社会组织能够影响政府的一些具体决策。由于第三方评估机构的作用很重要，那么我们就必须要在对第三方评估机制立法的同时，对第三方评估机构进行一定程度上的规范和限制，只有这样才能让第三方评估机构稳定且持续地发展下去，继续为我国的教育质量评估贡献力量。

而第三方评估机构的规范首先要从资格认证上着手，资格认证能够保障第三方评估机构及人员的专业性和规范性。因为高职院校治理质量评估总体上来说是一项工作量庞大、内容复杂且专业性很强的活动，如果想从事第三方的质量评估工作，从业人员就必须拥有相应的专业知识以及专业技能，如果没有组建一支专业能力过硬的第三方评估团队，那么高职院校治理质量的第三方评估恐怕难以进行下去。第三方评估总体上还是属于民间组织，它所拥有的权力与社会强制权力要区分开来。如果真正地想让第三方评估健康地运行下去，主要是看第三方评估机构有没有丰富的知识性和专业性。从社会的评价标准来看，第三方质量评估机构在质量评估中拥有的权力大小要看第三方评估机构自身的专业能力是否过硬，社会声誉是否优秀以及是否具备公信力。

其次，如果想让第三方评估机构获得参与高职院校治理质量评估的资格，就需要对第三方评估机构进行专业化的认证，要从知识能力的角度来对第三方评估机构的人员构成进行专业化的审核认证，只有这样第三方评估机构才能获得相应的评估权力。如果第三方评估机构的工作人员的专业能力得到了提升，那么第三方评估机构总体的专业能力也能获得相应的提升，第三方评估机构的社会影响力也能够获得提升。第三方评估机构在进行专业团队的组建时一定要注意对人员的筛选，要以资格认证的形式来对评估人员持续地进行专业知识以及专业技能的培养，只有专业人员的能力不断提升，第三方评估机构才能越来越专业化。在评估团队和评估机构都完成专业化改造之后，第三方机构参与的高职院校治理质量评估才能更加专业化，在具体的评估过程之中，第三方评估机构还要在实践中积累起质量评估相关的经验，不断地提升高职院校治理质量的评估水平，让第三方评估机构的社会公信力进一步提高。

第三，第三方评估行业内部也要自律规范。如果一个行业没能形成一定的自律规范，那么这个行业就无法持续发展下去，因此第三方评估行业想获得长久的发展，也必须在行业内部形成一定的自律规范。而第三方评估产业内部的行业规范需要各第三方评估机构联合起来，自发地建立起一套自我约束规范制度及机制。通过自我约束规范，行业行为得到有效的规范，同时也能够调解同行之间的利益关系，让公平竞争的氛围在第三方评估行业中形成，每个第三方评估机构都能在这个行业规范行为中获取自身正当的利益①。而行业自律首先是要遵守最基本的国家法律，让第三方评估在法律法规的保障之下科学合理地开展下去。另外，每个第三方评估机构都应该以行业内部共同制定的行业规范来进行自我约束，让所有第三方评估机构从业人员都能够在规则中合理地开展评估工作。通过制定一系列的行业自律规范，能够有效地对第三方评估行业的从业人员进行保障，也能够在行业内部形成互相监督和互相约束的局面，从而更好地推动整个第三方评估行业持续健康发展。

如果行业内部能够建立起科学且完善的第三方评估自我约束机制，那么相信第三方评估机构能够在这些自我约束机制下更加规范地进行高职院校治理质量的第三方评估，使得整个行业都能够在规范化的环境中良好地开展各自的评估工作。可以参考国外社会组织对于行业规范体制的建立方式，构建符合"双一流"建设要求的高职院校治理质量第三方评估机制。首先，必须完善行业内部的管理制度，结合先进的科学管理手段和理念，让第三方评估行业能够在科学的制度规范中实现良好的内部管理。其次，第三方评估机构应该联合起来，成立一个关于第三方评估行业的理事会，让在行业中具有强大公信力的第三方评估机构来担任理事会的成员，完善理事会的各种制度。再者，理事会轮换制度，定期进行选举换届，只有这样才能对行业的发展提供制度上的保障。

二、推动高职院校治理质量监控体系建设

（一）健全质量保障体系建设

如果要让高职院校治理质量得到有效监控，首先要做的就是政府、行业企业、社会组织以及学校自身等多元主体共同参与，健全高职院校治理质量保障体系的建设。把第三方机构的评估结果运用到高职教育内部治理体系的完善中，要让第三方评估成为保障高等职业教育治理质量的有力手段。政府、行业企业社会组织、学校都是高职院校的利益相关者，都要对高职院校治理质量进行应有的保障。而要做到对高职教育治理质量提供良好的保障，就必须发挥各自作用，共同做好质量监控。高职院校是高职教育的开展者，他们在办学时让社会组织参与其中，使其成了利益相关者，而政府本身就是高职教育治理的主

---

① 王堃. 新时期我国高校治理现代化研究 [D]. 兰州：西北师范大学，2018.

导者，每个主体都应该为高等院校治理质量保障贡献自己的力量，只有这样才能对利益相关者的利益诉求有所回应，使每个主体都发挥自己应有的作用，这样才能真正地对高等职业教育治理质量形成保障。高等职业教育治理质量体系的建设就是应该由多元主体来进行的，他们应当要进行多元协同治理，只有这样，高等职业教育的治理质量才能够得到有效的保障，从而实现第三方机构对高职院校治理质量的监控。

第三方机构对高职院校治理质量的评估结果要与高职院校内部治理体系形成一种协调机制，要让第三方评估结果在高职院校治理质量监控中实现有效的衔接。第三方机构对高职院校治理质量的评估结果应该作为高职院校治理能力提升的方向和动力，要让多元协同治理体系在高职院校治理体系中得到完善。高职院校需要持续地提升自身治理能力，要努力地做好质量监控，坚持让治理能力的提高服务于学生成长成才，要让学生得到全面且科学的发展，从而能够适应现代社会的发展以及契合行业企业的具体要求。

（二）加强政府对质量监控的宏观调控

要提升高职院校内部治理能力，就必须推进高职教育完成管办评的分离改革，只有做到了管办评的分离，才能在政府的主导下完成对高职院校治理质量的外部监控，从而保障高职院校的治理能力提升和办学质量提高。如果想让政府主体更好地参与到高职院校治理质量的监控之中，可以从以下几点进行：

第一，推动高职教育管办评分离的全面深化改革。如果想实现高职教育的管办评分离，首先要做的就是弄清楚政府、职业院校以及社会组织关于高职院校治理质量监管的具体职责范围，要让多元主体进行良性的互动，从而让高职院校的治理秩序得到维护。当高职院校完成了管办评的分离改革时，高职院校的办学自主权也能得到保障，而同时对于包括行业相关企业在内的社会组织来说，管办评的分离有助于让这些社会组织更好地参与到高等职业院校的办学和治理中来。通过管办评的分离改革，政府、职业院校以及社会组织之间能够形成一种新型的关系，有助于让高职教育实现政校分离，在法律的规定下更加科学且合理地完成高等职业教育的治理工作①。在新的高职院校治理质量监控机制下，政府起到了统筹调控的作用，高职院校则是获得了较大的自主权来完成规范有序的高职教育活动，而社会组织能够依法地履行它们在高职院校治理质量监控中的责任。管办评分离的最终目标就是要对高职院校治理质量监控进行

---

① 俞可平. 治理与善治［M］. 北京：社会科学文献出版社，2000.

改革，使各利益相关主体能在质量监控中各施其职，从而共同推进高职教育治理现代化，使高职教育为经济社会的发展添砖加瓦。

第二，政府主体需要加强对高职院校治理质量的监控以及保障。政府主体需要在宏观角度完成对高职院校治理质量监控的保障，要尽快地让高职院校完成管办评的分离。政府需要采用多层次的质量评估标准来对高职院校治理质量进行监控，首先需要加强的就是对高职院校治理质量的督导评估，然后要引进第三方机构进行专业评估，加上学校的自我评估以及政府复核，这些多元评估结果应该结合起来，使高职院校治理质量得到保障。

（三）健全高职院校治理外部质量监控体系

首先，需要对高职院校治理的外部质量监控体系进行完善，可以对高职院校的治理质量进行专业化的评估。由于高职院校治理质量监控对高等职业教育质量提升非常重要，所以对于专业的治理质量评估既不能过度，也不能完全没有。但是目前看来说，对于高等职业教育治理质量的专业评估体系还不够完善，限制了高等职业教育外部治理的质量监控保障。而要对高职院校治理实施良好的质量监控，就必须要对第三方评估机构的工作进行专业化的评估。由于高职院校内部治理质量监控是学校主体来开展的，属于在院校层面的基本评估，虽然对高职院校治理质量发挥一定保障作用，但还是在一定程度上遮掩了一些问题，无法使职业教育的综合质量得到全面的保障。

其次，对于政府的教育行政部门来说，一定要把重点放到建立高职院校治理质量专业化的评估机制上来，要完成对高职教育治理质量的监控保障体系建设。由于目前的治理权力已经下放到高职院校手中，政府需要对高职教育的质量完成产业上的评估，确保高职院校在治理上不出现重大问题。因为目前一些高职院校已经出现了盲目跟风的情况，什么专业热门就利用这个专业来进行招生宣传，实际上学校在招生之前甚至没有进行任何关于专业的建设，缺乏相应的办学条件，这样的情况已经严重影响到了高职教育质量，使人才的培养质量下降，不利于高职教育事业的发展。对于国家来说，需要对高职院校在开设专业时进行专业的审核以及备案，让高职院校在具备专业能力的情况之下进行招生，只有这样高职教育的质量才能够得到保障，培养出来的人才也能够适应社会发展的需要。而且教育行政部门要实施一定的专业评估，要对高职教育实施严格的质量监控，保证高职院校能够有最基本的专业教学条件和专业的教师团队，这在一定程度上能够保证高职教育治理能力的提升。

最后，高职院校要使外部的质量评估结果与内部治理相衔接。政府与第三方机构作为高职院校的外部治理评估主体，它们所进行的督导评估以及第三方评估能够对高职院校的治理质量提升起到指导作用，而这些评估结果需要进行有机结合，才能更加全面地完成对高职院校治理质量监控的保障。督导评估的作用是帮助高职院校完成基础质量保障的建设，需要对高职院校的基础设施、教学条件以及师资队伍进行监督和考察，如果出现了问题，及时反馈给各高职院校，促进其改进完善，要落实高职教育各方面的基本质量，只有这样，高职院校才能从基本点出发，努力地提高办学能力，使得高等职业教育走向现代化发展的方向。而高职教育内部治理评估主要关注高职教育的产出情况，以提高人才培养质量为标准，以结果为导向来完成高职院校内部治理能力的综合提升，保障高职教育质量稳步提升。无论是内部评估还是外部评估，都要注意做好对高职教育治理质量的监控，要让保障高职教育质量成为政府、社会组织以及学校等利益主体共同的目标，要让高职教育的内部保障体系与外部保障体系实现互补与结合，只有这样高职教育才能够贴近质量标准，完成高职院校治理质量的综合保障，并使得保障体系得到规范化和科学化的发展。

三、高职教育质量监控体系的运行

（一）实现教育质量的动态监控

1. 在教学输入层面进行质量监控

对于高职院校来说，要完成教育质量的监控首先需要从专业设置上着手。因为高职教育是技能性人才培养过程，专业的设置对于高职院校人才培养至关重要。高职院校需要对专业进行评估，确保专业的设置能够满足高职教育的培养目标。而且社会以及行业的需求已经明确地给高职教育提出了人才培养方面的要求，所以高职院校在进行专业设置时一定要考虑到这些问题。而专业的设置一定要结合当地行业经济的发展，确保专业设置符合当地产业结构的需求。另外，高职院校在进行专业设置时，一定要严格地进行监控，确保专业的设置与学校的具体情况契合，要按照学校的基本办学条件来完成对专业设置的监控。

其次，师资队伍的建设也是高职院校在教学输入层面上应该完成的质量监控目标。由于师资队伍的建设对于职业院校的人才培养至关重要，高职院校在师资队伍建设时一定要严格把关，要让专业素质过硬，行业能力优秀的人才来担任高职院校的教师，即高职院校要注重"双师型"教师团队的培养和建设。所以在对师资队伍进行质量监控时，除了检验教师是否拥有比较扎实的专业理论知识，还应检验他们在具体实践中展现出的技能水平。在职教师要同时提升自己在专业理论方面的素养以及自己的应用实践能力。而对于想要应聘进入高职院校的教师，学校同时要在这两个方面对教师进行把关，只有"双师型"教师队伍才能真正地推动高职教育质量的发展。

2. 在教学过程之中进行质量监控

第一，在实践教学中进行质量监控。高职院校培养的是技能应用型人才，所以实践活动是必不可少的，它不仅仅只是理论学习的实践化，更是每个学生在通往高质量人才之路上的磨刀石。所以对高职院校来说，如果想在实践教学之中完成高职教育质量的监控，就必须要形成一套完整的实践体系，要让学生进行科学且合理的实践活动，并给学生提供尽量多的实践机会，例如让学生在专业企业中培养实践经验。高职院校如果想更好地开展实践教学，就必须对实践教学的基础设施以及关键条件进行质量监控，要让教学条件达到实践教学的基本要求。另外，高职院校需要监控实践教学是不是按照原定的教学计划来执行的。高职院校需要对接受了实践教学的学生进行实践能力上的质量监控，确保实践教学是具有良好效果的。

第二，对学生成绩进行质量监控。对于高等职业教育来说，一切工作的开展都是为了更好地培养人才，而教学过程之中，学业成绩可以作为衡量职业能力教学效果的标准之一。学业成绩能够反映出学生的学习情况和教师的教学情况，而且学业成绩也能够为教育质量的提升提供改进方向，对于高职教育质量监控有着至关重要的作用。高职院校对学生成绩进行质量监控，一方面，需要明确学生是否正确地对待了学业成绩考核，也要对考试制度进行一定程度上的监控，要弄清楚现有的考核制度有没有体现出学生的真正水平[①]。另一方面，高职院校还要注意监控教育管理部门有没有采用多元化的成绩考核指标，有没有把实践、考试以及答辩等形式同时纳入成绩考核的方式。

第三，对毕业实践的质量监控。毕业实践是每个毕业生为了达到行业企业的具体要求所进行的顶岗实践，这个顶岗实践可以很好地培养学生的实践能力，为以后在具体工作岗位上的综合能力的培养奠定基础。高职院校对于毕业实践的质量监控，可以分为对毕业实践过程以及毕业实践考核的监控。首先高职院校需要完成对学生毕业实践过程的质量监控，要了解学生有没有真正地深入具体工作岗位的实践之中，有没有完成对实践项目的熟悉和了解，有没有完

---

① 周晶. 制度文化视域下大学治理能力现代化研究 [D]. 长沙：湖南大学，2018.

成指导老师给予的实践任务。其次，当毕业实践结束时，高职院校还要完成对毕业实践考核的质量监控，要确保负责毕业答辩的代表来自校企双方，要让答辩教师和学生自己对毕业顶岗实践提出自己的意见，并指出不足之处。最后，高职院校还要考查学生是否将所学知识运用到了实践之中，以及在实践中对知识有没有新的感悟，另外还要检验学生有没有真正地将专业技能融会贯通，有没有在毕业实践中获得真正的职业能力。

3. 在教学输出层面上进行质量监控

一方面，对于职业院校培养出的技能性人才来说，高职院校要对其进行追踪式质量监控调查。要让毕业生以及用人单位向高职院校进行学生毕业后情况的反馈，通过与毕业生以及用人单位的沟通，让高职院校更加了解社会的具体要求以及适应工作岗位的能力标准。高职院校要对毕业生以及用人单位的意见进行广泛的收集，从而在这些意见中寻找到提升教学质量的方向。高职院校在进行质量监控时要注意对毕业生就业率的监控，这也是衡量职业教育质量的标准之一。另外要监控毕业生有没有把在学校所学到的知识运用到具体的工作岗位之中，要监控毕业生所进行的技能培养能不能真正地契合行业发展。高职院校要对用人单位进行监控，要看用人单位是否对毕业生满意以及是否认同高职院校对人才的培养模式。

另一方面，高职院校需要对社会评价进行质量监控。社会评价对高职院校的发展也很重要，因此高职院校在这个方向上完成对高职教育质量的监控。而如果想要对社会评价进行监控，高职院校需要建立起与新闻媒体之间的联系，要利用新闻媒体的舆论作用来向社会各界宣传学校的相关信息，争取让社会对高职院校进行完整的了解。而还有一条更为重要的质量监控措施是高职院校需要掌握社会各界对学校教育质量是如何评价的，并通过这些评价来改进自身的教学质量。高职院校需要关注毕业生在社会上是否得到了认可，这也是职业教育质量的评价标准之一。

（二）持续改进教学质量监控体系

由于高等职业质量的监控体系处于不断的动态变化之中，要想发展和完善高等职业教育质量监控体系，就必须要对这个体系进行持续的改进。持续性的改进可以帮助高职教育质量监控更好地运行下去，也能够让高等职业教育质量得到更好的提升。但是，在持续性的改进之中要注意以下几个问题：

第一，要把提高效率作为持续改进的宗旨。为了使高等职业教育质量监控体系更好地运行下去，就必须要让高职院校内部的质量监控体系进行持续性的改进。对于执行高等职业教育质量监控的主体学校而言，完善高等职业教育质量监控体系，有助于提高教学效率和质量，让高职院校培养出更多优秀的人才。高职院校一定要在保证教学质量的前提下完成对高等职业教育质量监控的持续性改进，让质量监控的各个环节都能得到有效的改善，从而使高等职业教育的质量更上一层楼。

第二，要有计划地对高等职业教育质量监控体系进行持续改进。持续改进一方面是为了让已经发现的问题得到纠正和改善或者是预防可能出现的问题；另一方面，持续改进也要在看似正常的方面寻找有没有改进的机会。由于社会处于不断的发展之中，而且行业领域的发展也瞬息万变，为了顺应科学技术的进步以及行业的需求，持续性的改进也需要与时俱进，有计划性的不断改进。而持续改进是一个长期而全面的过程，它让高职教学质量的每个环节、每个步骤都能够获得持续不断的改进。此外，既然是持续性的改进，那么这应该是一个循环性的过程，参与持续性改进的每一个人员都需要持续不断地完成高职教育质量监控每个细节的持续性改进①。这就意味着，当一个问题得到解决时，新的改进措施已经在计划之中了，那么就要开始新的持续性改进循环。

第三，持续性地对高职教育质量监控体系进行改进需要全员参与。随着高等职业教育的不断发展，已经有越来越多的人参与到高等职业教育质量的内部监控体系中来，而且参与的人群范围十分广泛。由于高职教育质量监控体系的持续性改进需要全员参与，那就要求高职院校调动所有人的积极性，让大家一起努力完成对高职教育质量监控体系的持续性改进。持续性改进应该在学校领导的主导下开展，督导机构对高职院校教育质量监控做出指导，并且在宏观层面上进行调控，高等职业教育治理质量监控体系在所有人的努力之下完成持续性的改进。全员参与的持续性改进有利于使高职教育监控体系更加具备科学性与可行性，只有更多人参与进来，高等职业教育的质量才能够得到更好的监控，这是每一位参与高职教育的人都愿意看到的局面。

---

① 韩华. 高等教育治理能力现代化的内蕴与构建 [J]. 教育评论，2017 (12)：81-84.

第七章 "双一流"建设背景下高职院校治理能力建设实践探索

第一节 长沙环境保护职业技术学院治理能力建设的实践探索

长沙环境保护职业技术学院成立于1979年,是我国第一所环保类全日制高等职业院校,由生态环境部与湖南省人民政府共建,是湖南省示范性高职院校,也是全国首批获得ISO9001:2015质量管理体系认证的职业院校。

近年来,长沙环境保护职业技术学院以章程建设为核心,以培养高素质技术技能型的生态环保铁军为主线,大力推进依法治校;坚持"实践融于教学,技术服务社会"的办学理念特色,积极加强校企合作、产教融合,探索多元协同治理新模式,引入ISO9001质量管理体系及第三方质量评价机构,对标对表,持续诊断改进,对学院原有的教学、科研、人才培养等160多项规章制度进行了全面清理,不断完善内部治理结构,在推进治理体系与能力现代化建设方面做出了有益的实践。

一、构建以章程为统领的管理制度体系

长沙环境保护职业技术学院积极推进依法办学、自主管理、民主监督、社会参与的现代大学制度体系建设;制订并实施了具有环保高职院校特色的章程,以章程为纲,全面修订完善内部管理制度,完善党委会、院长办公会、"三重一大"议事规则等决策制度,教学、科研、人事、财务、学生、后勤、

资产等执行制度，教代会、学代会制度等监督制度；形成党委统一领导，党政分工合作、协调运行的工作机制，积极完善学院内部治理结构，推进学院由"管理"逐步向"治理"转变。

长沙环境保护职业技术学院确立全面质量管理理念，建立 ISO9001 质量管理体系，建立内部质量保证体系诊断与改进机制，构建内部质量保证体系和自主发展创新机制，以学院教育教学服务核心程序为基础，建立项目化的部门间常态沟通协作机制；以学生、家长、用人单位需求为导向，不断改善包括招生、学工、教学、后勤、就业、安全等方面的顾客满意度，改进学院教育教学服务的整体质量；有效强化对学院教育教学服务的 PDCA 循环全过程的监测控制，实施常态化的内部审核和管理评审，健全对教育教学服务质量的有效监控和持续改进机制。

二、健全以学术委员会为核心的学术管理体系

长沙环境保护职业技术学院积极稳妥推进"去行政化"改革，厘清行政权力与学术权力边界，探索建立教授治学的制度模式，强化学术权力在学院治理中的地位，健全以学术委员会为核心的学术管理体系。学院修订《学术委员会章程》，完善学术委员会职能，保障学术委员会在学术事务中的决策、审议、评定、咨询和裁决等职权，健全以学术委员会为核心的学术管理体系与组织架构。根据专业群建设需要，设立专业群专业指导委员会或教学委员会，并制定相应章程，规范管理。

三、以专业群建设为中心完善院系两级管理

长沙环境保护职业技术学院以专业群建设为中心，适时调整二级系部布局，构建和优化适应专业群建设管理的治理结构；深化责权利清晰、管理科学的院系两级管理体制改革，进一步明确院系两级管理职责和权限，下放管理权限、下移管理重心，落实人、财、物权下移到二级系部，实现教学资源共建共享，实行两级考核和两级分配，构建有利于调动院系积极性的责权利相统一的内部运行机制；完善专业群建设管理机制，明确各机构以及二级系部负责人、专业群负责人、专业负责人在专业群建设中的各项职责与权限。

四、加强民主管理和社会监督体系建设

长沙环境保护职业技术学院健全学院重大决策的民主协商机制，定期召开

教代会、学代会，充分发挥教代会、学代会在学院民主管理和监督中的职能；充分发挥理事会在支持学院方面的咨询、协商、议事与监督作用。完善教职工代表大会制度，完善教代会提案征询制度，创新教代会提案工作机制；完善学生代表大会制度，高度重视和发挥学生为主体的学代会的作用，完善学生申诉制度，保障学生合法权益；探索建立理事会制度，在环保职业教育集团的基础上，建立由政府机关、学院、行业协会、合作企业、校友、社会知名人士等各方代表组成的学院理事会。

五、探索多元化办学体制改革

学院依托环境保护职业教育集团，进一步深化校企合作，积极探索社会力量以多种形式参与办学，制定社会力量参与办学的相关制度。与上市企业——北控水务集团合作，成立了湖南省第一家高职院校产业学院；与聚光科技（杭州）股份有限公司、力合科技（湖南）股份有限公司等多家企业合作办学，新生入学即拥有学校学生、企业员工的双重身份，立项为教育部现代学徒制试点单位。此外，学院还与永清环保集团、国家检测、华时捷环保科技发展有限公司等上市及知名公司广泛开展校企合作，产教深度融合，取得了良好的社会效益。学院探索以学院设备、实训等固定资产的使用权投资，企业现金投资，行业协会参与的混合所有制二级学院办学实体。学院进一步完善协同创新机制，在学校院办企业湖南长沙环院天泰资产管理有限公司的基础上，鼓励专业技术人才、高技能人才以技术、技能参股，引入企业资金，个人与学院、企业签订合作协议建设股份合作制工作室，人才培养质量显著提高，学生就业率及就业质量稳步提升，用人单位满意率达95%。自2014年以来，学院连续荣获湖南省普通高校毕业生就业工作"一把手工程"优秀单位荣誉。

第二节　现代治理视域下高职教育第三方评价的实践探索

高职教育治理能力现代化是实现国家治理体系和治理能力现代化的重要组成部分。进入新时代，转变职业教育发展方式，推进管办评分离，加快教育治理体系和治理能力现代化，是深化教育领域综合改革的重点。推进第三方评价，是高质量发展背景下，落实高校办学自主权、推进高职院校治理能力建设的必然要求。与传统自上而下的管理不同，高职教育治理的本质是政府、学校、行业、企业、社会组织、学生等多元多维参与、平等合作，建立面向社会、依法办学、自主管理、公众参与、社会监督的现代大学制度，构建政府、学校、社会之间的良性、互动关系，从而实现各方利益共赢的过程。推进高职教育第三方评价是推进高职教育治理体系建设的重要内容，也是实现治理能力现代化的重要途径①。

一、实施第三方评价的背景及意义

（一）是新时代高质量发展的呼唤

改革开放四十余年来，我国经济高速增长，据国家统计局公布的数据，2018 年我国 GDP 总量已超过 90 万亿人民币，稳居世界第二大经济体。中国经济正迈入高质量发展新阶段，高质量发展，打造"中国名片"，已成为国家意志。对照经济转型升级和高质量发展需求，我国高素质、高技能人才缺口巨大，据预测，到 2025 年缺口近 3 000 万。作为培养高素质、高技能人才的主战场——高等职业教育肩负着推进人才供给结构改革、托起"大国工匠梦"的重要职责。然而目前，高职教育社会认可度不高、人才培养质量倍受质疑、行业企业参与积极性不强等问题长期存在。教育部自 2004 年起，先后开展了人才培养水平评估、示范院校、骨干院校、特色专业及特色专业群、"双高计划"等一系列教育评价实践，教育质量已成为高职院校发展的核心问题。如何以第三方视角科学合理、客观公正地评价各院校的质量和水平，正确评估其对有效支撑经济发展和产业升级的贡献，从而使职业教育受到社会各界的认可和支持，是摆在职教人面前的重要课题。

（二）是推进高职教育治理能力建设的必然要求

转变发展方式，推进管办评分离，加快教育治理体系和治理能力现代化，是当前深化教育领域综合改革的重点。国家相继出台《国家中长期教育改革和发展规划纲要（2010—2020 年）》《中共中央关于全面深化改革若干重大问题的决定》《关于深入推进教育管办评分离促进政府职能改变的若干意见》等一系列政策文件，旨在以推进管办评分离为抓手，破解高职教育发展难题，引导构建政府、学校、行业企业、社会协同发展的新型关系，推进高职教育治理体系和治理能力现代化建设。"政府管教育、学校办教育、社会评教育"的教

---

① 唐智彬.论现代治理视域下的高职教育质量第三方评价体系建设 ［J］.中国高教研究，2016（8）：47-51.

育治理新格局建设全面开启①。2019 年，国务院印发《国家职业教育改革实施方案》，将职业教育的重要性提高到前所未有的新高度，将职业教育的发展摆在经济社会发展全局进行谋划，提出"没有职业教育现代化就没有教育现代化"。

（三）是落实高职院校办学自主权的客观需要

传统的高职院校管理及评价大多由政府主导。一方面，依靠行政命令，各高校被动或应付式接受上级教育主管部门监测或评价，主动参与积极性不强，效果差强人意；另一方面，教育行政部门往往一把尺子一套标准量到底，对于类型复杂多样、各具特色的高职院校难免有失公允，一些在行业领域颇具影响力的高职院校，往往由于硬件条件、综合实力等原因成绩不佳。受上级政府指挥棒指引，院校办学自主权无法落实，管理体制、办学模式千校一面，办学缺乏活力、特色。第三方评价是指独立于政府和职业院校之外，由专家学者、行业企业专家、技术骨干等组成的评价组织或机构，按照一定程序，依据一系列指标体系，对高职院校展开评估或评价，其可以接受政府委托或购买服务，也可以是高校出于自身发展需要自主委托。第三方评价以其独立性，保证评价结果的相对客观公正，以其专业性和权威性保证评价结果的准确性。它基于客观公立的立场既对评价对象现状进行研判，帮助各校认准定位、查找差距，又为评价对象的发展提供咨询服务。在当前竞争日趋激烈的形势下，主动寻求第三方机构合作，对标一流、提高质量，已成为各高职院校的共识和自觉行动。

二、第三方评价的实践和特点

（一）从评价机构看

我国教育第三方评价起步较晚，并未形成成熟的评价机制。1996 年后，上海、云南等省相继成立了省级评估机构，教育部高等教育评估中心也于2004 年正式成立。但有的机构身份、界限并不十分清晰，如部分省份的教科院、评估院，名义上虽是第三方机构，实际却是官方机构，其本质仍是政府主导；还有的是半官方机构②，它们由政府创立，编制上虽不属于政府，但有的财政或业务上常依赖于政府，如有的教育协会；还有一类是民办的企业或组

---

① 王璐，王世赟. 厘清"管、办、评"职责，构建政府、学校、社会新型教育治理关系 [J]. 学校管理与发展，2018（5）：11-19，37.

② 温才妃. 高教质量第三方评价：你的明天在哪里 [N]. 中国科学报，2016-01-14.

织，它们与政府没有隶属关系，立足市场需求，提供专业的评价服务，如影响力较大的第三方数据机构麦可思公司，成立于 2006 年，为国内 1 100 多所高校提供涵盖就业、教学、教师发展、招生、专业建设等的评测服务，为相关高校、用人单位及政府提供数据。麦可思公司每年发布中国大学生就业蓝皮书、《中国高等职业教育质量年度报告》，被誉为国内第三方评价的先驱者和标杆。

（二）从评价内容看

目前，国内教育的第三方评价，主要包括综合评价、单项评价及排名评价。综合评价是指受政府或高职院校委托，对高职院校的办学基本条件、人才培养质量、专业建设、教学科研能力、社会服务贡献率等进行全面综合测评。单项评价，即针对某一个项目进行专项评价，如就业质量专项评价等。排名评价，是各个机构根据一定的指标评价体系，为各校进行排序。我国第一个大学排行榜，是 1987 年 9 月由中国管理科学研究院在《光明日报》上公布的。32年来，国内各大评价机构通过报纸、网络等途径公布的各类大学排行榜有 30余个。其中，影响力较大的排名榜主要为：中管院榜（中国管理科学研究院评价体系）、校友会榜（艾瑞深中国校友会网评价体系）、中评榜（武汉大学中国科学评价研究中心评价体系）、软科榜（上海软科公司评价体系）①。涉及高职院校排名的较有影响力的排名榜主要为：中管院榜、中评榜、中国高职教育质量年度报告中的各类榜单。由于评价标准不一、指标体系不健全或透明度不高等，各类排行榜备受争议，但不可否认的是它们提供了一种市场化的视角，评价指标所体现的价值导向，可以为各院校提供一个坐标参照和导向，帮助各校提高改进，增进政府、行业企业及公众对院校的了解。

（三）从实施效果来看

在宏观政策引导、经济社会发展及市场需求拉动下，近年来，我国高职教育取得了骄人的成绩。据统计，2018 年，全国有高职（专科）院校 1 418 所，年招生 368.83 万人，占高等教育招生人数的 46.63%②，规模世界第一，为中国高等教育大众化做出了重大贡献。在高职院校现代治理能力建设实践中，经过多年的摸索，我国已初步形成了政府、学校、行业企业、第三方评价机构等多元多维参与的教育评价新格局，构建了教育督导评估、院校自主诊断与改进、发布年度质量报告、推行专业评估与专业认证、推动社会第三方评估等内

外互动、多措并举的内外部质量保障体系①。第三方评价的持续推进，有效促进了政府职能转变，使得政府从过去烦琐的"集权式"管理中解放出来，将部分职责向社会机构让渡，能更好履行政府宏观政策把控职能，积极向服务、协调、规划、支持、监督转变；也有效激发了高职院校的办学活力，让行业企业、社会组织、公众等多元主体有效参与到学校治理中来，更好地促进了院校的发展与经济社会同频共振，协同发展。

三、推进第三方评价健康有序发展的政策建议

（一）把握职教发展方向，规范评价机构发展

我国应以《中国教育现代化 2035》《加快推进教育现代化实施方案》及《国家职业教育改革实施方案》等文件精神为指引，以习近平总书记关于办好新时代职业教育的重要论述为根本遵循，将高职教育质量摆在关系经济社会及区域经济发展全局的历史新高度，进一步转变政府角色，制定相关政策，进一步规范第三方评价机构发展，吸引更多教育专家、行业企业专家参与到高职院校第三方评价中来。

（二）对接国家重大战略，确立质量评价标准

我国应贯彻落实"对接产业（行业），工学结合，提升质量，推动职业教育深度融入产业链，有效服务经济社会发展"的职业教育工作方针，紧密对接"一带一路"倡议和"中国制造 2025""乡村振兴"等系列国家重大战略，建立既符合现代经济发展需要实际又适度超前，动态、多元的高职教育质量评价标准。

（三）注重评价结果运用，健全发布利用机制

建立健全第三方评价结果的发布、利用机制，发挥专业评价的正面导向作用，将高职院校发展的应然和实然状态进行比较，从而更精确判断运行过程及方式存在的风险和问题，挖掘高职教育治理中可能存在的潜力和发展空间，确定改进的方向和侧重，推动高职教育健康有序发展。

---

① 邱均平. 高职院校"双高计划"建设与质量评价报告：2019 年评价结果分析［R］. 杭州：中国科教评价研究院，2019.

第三节　现代治理视域下高职教育产教融合的实践探索

新时代，我国社会经济快速发展，产业结构转型升级。企业为了更好地适应市场发展，需要大量符合岗位需求的技术技能型人才，但职业院校作为培养技术技能型人才的重要基地，当前面临着大量毕业生就业对口率不高、就业质量不高等压力。而职业院校人才培养目标与企业需求不吻合，办学定位与企业生产相脱离，是导致该矛盾存在的根本原因。国际职业教育成功培养技术技能型人才的共同规律是产教融合、校企合作。基于现代治理视域，产教融合是一种新型办学模式，是由产业链与教育链相互融合而形成的一种协同育人有机体，主要包括"产业与教育"和"生产与教学"两方面。"产业与教育"的融合，实际上就是职业学校教育与行业企业的融合，主要涉及专业与岗位、学校与企业及教育与产业等的对接，针对的是职业教育的办学思想与相关体制的构建等。"生产与教学"的融合，实际上就是企业生产实际与职业学校的教学内容、教学实践等的融合，主要涉及教学过程与生产过程及课程内容与职业标准等的对接，针对的是教学模式与教学方法等①。

在我国，社会对职业教育产教融合发展的渴求有一定的经济与教育背景。就经济领域而言，我国正处于经济结构转型升级、产业行业更新换代、努力建立创新驱动现代产业体系的关键期，企业对创新型和复合型技术技能人才有着非常强烈的需求。就教育领域而言，我国职业教育在培养技术技能人才时，以职业学校为主体，行业企业与劳动者的正规职业准备教育相脱离，在此背景下，职业院校对产教融合、校企合作共同育人有着强烈的需求。产教融合是职业教育改革发展的方向，是推进高职院校治理体系和治理能力现代化的有效途径，不仅能够为企业培养其岗位所需的技术技能型人才，还能够促进教育与经济的协调发展。深入分析企业与职业院校对产教融合的需求，剖析职业教育产教融合的症结所在，有效推进产教深度融合，是非常有必要的。

一、职业教育产教融合需求分析

基于现代治理理念，企业与职业院校双方在发展的过程中都对职业教育产

---

① 孙善学. 产教融合的理论内涵与实践要点 [J]. 中国职业技术教育, 2017 (34)：90-94.

教融合发展有一定的需求。从企业来看，企业竞争力的增强、高素质人才的补充以及产品的转型升级需要产教融合；从职业院校来看，职业院校社会服务能力的提升、学生就业能力的提升以及师资队伍建设的加强需要产教融合。

（一）企业对产教融合的需求分析

企业对产教融合的需求可以从三个方面来分析。一是企业竞争力的增强需要参与产教融合。对企业来说，核心竞争力是其在竞争中保持优势的关键，也是判断其是否能进入一流企业行列的一项重要指标。企业竞争力的增强需要产教融合，通过参与产教融合，企业能够克服自身弱点，充分利用科研院所与职业院校的优势资源，与其共同研发新产品、新技术，以此满足市场发展的需求，增强企业竞争力。能否参与产教融合是判断企业发展水平与实力的重要指标之一。二是企业高素质人才的补充需要参与产教融合。培养企业所需的技术技能型人才与高素质劳动者是产教融合校企双方的共同目标。当前的职业院校很难培养出企业所需的人才，因为在人才培养过程中，职业院校对企业的经营理念及管理模式等缺乏了解。而在当前经济全球一体化背景下，经济社会处于转型期，企业需要大量符合岗位需求的创新型高素质人才。因此，企业需要补充大量高素质人才，增强活力，促进自身发展，以此来更好地应对激烈的市场竞争。这就需要企业积极参与产教融合，将职业教育作为为自己提供人力资源的重要基地，与职业院校共同培育人才。三是企业产品的转型升级需要参与产教融合。在我国，劳动者素质提升与技术进步是企业产品升级换代与经济社会转型发展的关键。而职业教育在提高劳动者素质、促进技术进步方面具有重要作用。如果企业不参与、不重视职业教育，职业院校培养的人才与企业的实际生产需求不相符，就会导致人才质量的下降，影响企业生产效益的提升，制约产品的转型升级与企业的整体发展。通过产教融合，企业可以利用职业院校的教育资源优势，提升员工的整体素质，加速产品的升级换代，助推技术的发展进步①。

（二）职业院校对产教融合的需求分析

在职业教育产教融合发展中，职业院校作为重要的主体之一，对产教融合发展具有重要作用。因此，深入分析职业院校对产教融合的现实需求是非常重要的。首先，职业院校社会服务能力的提升需要参与产教融合。职业院校作为为经济社会发展提供服务的重要机构之一，通过产教融合，不仅能够为学校办

---

① 潘陆益. 我国职业教育产教融合动力机制的构建研究 [J]. 中国农业教育, 2015 (3): 55-58.

学吸引行业、企业等社会力量，与职业学校共同开展实用性人才的培养；还能够更好地解决办学中存在的理论与实践、学校与社会、科技与生产相脱离等问题，了解经济社会发展的实际需求，增强学校对经济社会发展的服务能力。在参与社会服务的过程中，职业院校不仅能够提升对社会、经济发展所做的贡献，还能够提升学校在行业企业中的话语权与影响力，创设良好的外部发展环境。其次，职业院校学生就业能力的提升需要产教融合。在我国职业教育中，职业院校开展人才培养活动时，与行业、企业的联系与互动较少，对企业的需求缺乏一定的了解。通过参与产教融合，一方面，可以有效加强职业院校与企业行业之间的联系，明确企业对所需人才的要求，提升学生的就业能力；另一方面，可以根据就业需求与劳动力市场的变化来配置教育资源和调整专业结构，根据生产技术、经济社会的发展趋势，设置新的专业学科与更新教学内容。学校通过产教融合，能够为学生提供切实可行的技术指导，做到理论联系实践，实现岗位与课堂、员工与学生身份、做与学的合一，提升职业院校学生就业能力。最后，职业院校师资队伍建设的加强需要产教融合。衡量学校人才培养质量的重要指标之一是师资队伍，"双师型"教师是职业院校提升人才培养质量的关键所在，当前"双师型"师资队伍建设是职业院校转型升级需要解决的问题。通过产教融合，能够加强职业院校"双师型"师资队伍的建设。一方面，职业院校教师可以到企业进行兼职、交流，一边不断锻炼自己的能力与提升自身专业素质，一边帮助企业解决产生难题，进行技术攻关工作；另一方面，企业技术人员到职业院校担任兼职教师，有针对性地对学生进行实训锻炼，培养其实践应用能力，从而提升学校人才培养质量①。

二、当前职业教育产教融合发展的问题

我国渴求开展职业教育产教融合发展有一定的经济与教育背景，且企业与职业院校双方都对职业教育产业发展有很大的需求。但当前职业教育产教融合在发展过程中仍然存在诸多症结，主要体现为制度体系不健全，无法保障各参与主体的合法权益；政府推力作用不足，职业教育产教融合效果欠佳；企业参与积极性较低，未能有效发挥校企协同育人优势；行业指导职能弱化，不能为产教融合发展保驾护航。

---

① 张莹，周静.职业教育产教融合需求分析与推进建议［J］.云南农业大学学报（社会科学版），2017，11（6）：122-126.

（一）制度体系不健全，无法保障各参与主体的合法权益

当前我国职业教育产教融合缺乏完善的制度保障。从激励政策来看，职业教育产教融合需要不同行业企业等社会力量的参与。但当前出台的政策缺乏强制性，内容设计较为宏观，激励性不强，对企业参与产教容融合的行为缺乏一定的规范，尽管很多企业名义上在开展校企合作，但他们仅关注自身的经济利益，不愿主动参与职业院校人才培养的过程。从管理体制来看，产教融合是一项复杂的系统工程，其实施需要地方政府、职业院校及社会企业等多方力量的相互配合与协调。尽管职业教育产教融合政策明确了职业院校、政府及企业的责任，但并没有详细规定它们各自具体的责任内容，导致在实施产教融合政策的过程中存在许多问题，如主、客体颠倒或缺乏主体。从法律法规来看，虽然国家在产教融合政策制度建设方面做了很大努力，肯定了职业教育中产教融合的重要价值，明确强调了产教融合发展的重要作用，但在法律法规建设方面对产教融合规定相对不足，使职业院校在参与产教融合的过程中，很难采用法律途径来维护自身的合法权益①。

（二）政府推力作用不足，职业教育产教融合效果欠佳

从整体来看，虽然在国家的号召之下，相关部门在不断完善和健全产教融合发展政策，要求职业院校与企业加强交流与合作，鼓励和支持校企合作共同培育市场所需的新型技术技能人才。但现行的政策文件在具体的执行层面缺乏相应的引导，以倡导、鼓励等为主，致使职业院校与企业双方在实施产教融合的过程中很难形成默契。由此可见，在政策推力方面，当前政府部门对职业教育产教融合发展存在诸多不足，导致许多职业院校未能从根本上认识到产教融合的重要性。这些不足主要体现在以下四个方面：一是管理机制缺失，在校企合作过程中，政府未能及时根据实际情况制定管理机制，校企分工不明确；二是缺乏规范性，在校企合作中未能体现职业资格证书与人才培养之间的关联性，导致校企合作规范不足；三是政府的组织协调作用未能有效发挥，在校企合作中没能明确自身的地位，导致未能有效发挥其组织协调作用；四是社会化评价机制不健全，政府未能根据市场实际经济情况来客观评价参与产教融合企业的资质，校企合作质量无法保障。

（三）企业参与积极性较低，未能有效发挥校企协同育人优势

随着市场经济的发展，行业间的分工越来越明确，学校教育功能与企业生

---

① 周绍梅. 产业转型升级视角下职业教育产教融合的症结与破解［J］. 教育与职业，2018（2）：8-14.

产功能间的界线逐渐明显。尤其是在日益激烈的行业竞争压力之下，很多企业参与职业教育产教融合的动力不足，不愿与校方展开深入的合作，即使是在国家的大力倡导之下响应政策，也多半是浅尝辄止。企业发展的宗旨是营利，主要目标是追求利益最大化。尽管从表面来看，很多企业因要耗费大量人力、物力及财力来培养人才，在实际发展中更愿意参与产教融合与校方进行合作，而不愿在产业价值链中培养人才，从而来降低自身培养人才的成本。但事实上，校企合作并不是免费的，为了保障职业院校有效开展教学活动，企业要为学校提供大量的资金、设备及仪器等，甚至还要耗费大量时间与资金来参与学校举办的实践课程教学。因此，企业宁愿投入资源及设备在内部培养人才，也不愿与校方开展合作。因为这既能体现出企业自身的人性化管理，提升对优秀人才的吸引力，也能将资金直接投入生产一线或用来购买专业化设备，为企业带来更多利益。当前国内很多资金较雄厚且发展比较成熟的企业，如果不是为了提升品牌知名度和塑造社会形象，并不会主动参与职业教育产教融合。同时，很多中小型企业并不注重人力资源的储备，也不会耗费过多的财力与精力来进行产教融合①。

（四）行业指导职能弱化，不能为产教融合发展保驾护航

行业协会作为指导行业发展的组织机构，在经济社会行业发展中能够根据市场经济的变化来不断完善岗位职能，促进经济社会行业发展。当前我国已经成立的行业协会有六万多个，根据不同的层次可以将其分为中央、省、市、县四个级别，行业协会为市场行业的协调发展与经济活动的有序开展做出了巨大贡献。但随着行业产业的转型与经济结构的升级，与传统职业岗位相比，我国现行职业岗位产生了很大的改变，导致相关行业协会不再能够依据市场发展的走势，制定出比较详细的职业标准。目前，为了协调、有序发展经济，我国政府采用发布政策文件的形式进一步强化了自身在行业发展中的管理职能，这使行业协会在行业发展中的指导职能被削弱了，导致其不能为职业教育产教融合发展进行有效的指导。针对职业教育产教融合问题，虽然国家已经颁布了一系列相关政策文件来配合行业协会开展工作，但取得的效果却欠佳。除此之外，职业教育发展中行业协会的指导地位并没能在我国的相关法律文件中得到保障，没能体现行业协会的社会价值。由此可以看出，国内行业协会发展不足，

---

① 周晶，岳金凤. 十八大以来中国特色现代职业教育深化产教融合校企合作报告 [J]. 职业技术教育，2017（24）：45-52.

很难对课程标准及行业岗位标准建设进行有效的指导，缺乏相应的法定职能来推动职业教育产教融合发展。

三、职业教育产教融合发展的优化路径

经上文分析发现，当前我国职业教育产教融合发展存在诸多症结，需要在今后的发展中进行改进优化。具体来说，需要完善相关制度体系，有效保障各参与主体的合法权益；有效发挥政府推动作用，强化产教融合顶层设计，明确政府在职业教育产教融合的地位，制定相关法律法规，制定相应的激励政策；激发企业参与积极性，充分发挥校企协同育人功能；提升行业指导能力，为产教融合协调发展保驾护航。

（一）完善相关制度体系，有效保障各参与主体的合法权益

同其他教育及产业的发展相同，职业教育产教融合的开展需要相关法律法规体系的保障。但当前职业教育产教融合在政策激励、管理体制及法律法规建设等方面存在一定的不足，这就需要国家及相关部门加强相关法律法规体系的构建，为职业院校与企业顺利开展产教融合工作创建良好的政策环境。如为了实现产教融合在全国职业院校的普及与发展，国家相继出台了一系列法律法规及激励政策，并制定了相应的执行办法，要求政府依据法律法规的规定来不断完善地方发展政策，建立健全产教融合发展中校企合作评价体系，建立相关行政监督部门及监管执行制度，有效指导校企双方开展合作活动，保证产教融合发展政策的顺利实施。同时，地方政府也可以出台一些利好政策，例如，为积极参与产教融合发展的企业给予一定的税收优惠或提供一些资金奖励，以此来调动企业参与产教融合发展的主动性与积极性。另外，职业教育产教融合涉及的内容范围非常广，在出台和颁布其他领域的法律文件时，也要对职业教育产教融合的内容有所涉及，实现不同法律文件的有效衔接，确保企业、学生及职业院校等主体在实施产教融合过程中的合法权益不受侵犯。

（二）有效发挥政府推动作用，强化产教融合顶层设计

职业教育对于促进科学技术进步与地方经济发展具有重要作用。政府作为统筹和协调教育事业发展的重要机构，在职业教育产教融合中要统筹产教资源，强化顶层制度设计，有效发挥其推动作用，大力促进科研机构、企业、职业院校及行业协会等共同参与产教融合，实现多部门协同发展。具体来看：其一，在产教融合发展中明确政府的主体地位，制定相关政策法律，建立相应的组织管理机构、专门监督机构及工作评价体系，搭建信息共享平台，有效保障

职业教育产教融合的良好运行。其二，政府要制定相关法律法规，督促企业参与职业教育，要求相关产业的企业参与学校办学，并将企业参与产教融合的具体情况作为考核其履行社会责任的内容，让企业认识到开展产教融合是自己的责任。其三，制定激励政策，鼓励行业企业参与职业教育产教融合。一方面，要明确企业不仅是职业教育资源的提供者，还是参与职业教育办学的管理者，要为职业院校教师发展提供一定的挂职锻炼岗位，为学生提供顶岗实习机会；另一方面，要为接受职业院校教师实践、学生实习、为实习学生支付报酬的企业实施相关税费减免或给予一定的资金补助，以激发企业接纳和管理职业院校学生的积极性①。

（三）激发企业参与积极性，充分发挥校企协同育人功能

企业的本性是寻求利益最大化，而培养技术技能型人才是职业院校的教学目标，两者之间有着本质的差异。但是，当前我国正处于经济结构转换升级、产业结构更新转型的时期，为了适应市场经济的发展，企业需要大量技术技能人才，而职业院校能够为企业培养出岗位所需的高素质技术技能型人才。因此，这就需要激发企业的参与积极性，让企业认识到职业院校能够为其带来的益处，充分发挥企业与院校协同育人的优势，实现真正意义上的职业教育产教融合，达到双方共赢的目的。首先，职业院校能够根据行业企业的发展培养出企业岗位所需的技术技能型人才，为企业今后的发展提供人力保障，从而提升企业在市场中的竞争力。其次，企业能够借助职业院校的科研优势，通过与自身实践经验的结合，进行技术创新、产品生产，从而产出新的成果。同时，通过产教融合能够有效将学校科研成果转化成企业生产产品，不断提高企业技术创新能力与产品生产水平。最后，参与职业教育产教融合，能够有效加深职业院校与市场之间的联系，促进职业院校对市场所需专业的设置和对相关课程开发，通过让学生对企业生产实践的参与来帮助他们提升其创新意识、创新能力及实践能力②。

（四）提升行业指导能力，为产教融合协调发展保驾护航

国务院出台的《关于加快发展现代职业教育的决定》明确提出："要建立

---

① 杨善江. 产教融合：产业深度转型下现代职业教育发展的必由之路 [J]. 教育与职业，2014（33）：8-10.

② 陈星，张学敏. 依附中超越：应用型高校深化产教融合改革探索 [J]. 清华大学教育研究，2017，38（1）：46-56.

健全行业指导政策，加强行业协会指导能力建设。"① 同时《国务院办公厅关于深化产教融合的若干意见》也指出："要不断强化行业协调指导工作，采用授权委托、直接指导、职能转移等多种方式，大力支持和鼓励行业组织参与产教融合发展，积极开展校企合作对接、职业技能鉴定及人才需求预测等工作。"② 尽管国家明确规定了职业教育产教融合发展中行业协会的地位与作用，但没能对具体如何落实行业协会的协调指导作用进行详细的政策规定。因此，需要通过构建相关政策体系，确立行业协会的指导地位，以此来更好地发挥职业教育产教融合中行业协会的指导与协调作用。首先，在行业职能范围中纳入职业资格方案设计、行业能力规范及职业教育培训指导等内容，由行业协会担任大纲编制，在"互利互惠"原则的指导下，制定出相应的职业教育产教融合指导方案。其次，政府组建由行业协会成员、学校人员及企业代表等主体构成的职业教育产教融合指导委员会，共同管理和协调校企合作事宜，推动产教深入融合。最后，建立由行业协会主导、其他组织机构参与的例会制度，明确划分行业指导范围，培养学生在职业院校与企业之间进行专业对接、教学与生产对接的能力，以保证产教融合发展中学校与企业能够及时沟通③。

①　国务院关于加快发展现代职业教育的决定 [EB/OL]. (2014-06-22) [2021-02-26]. http://www.gov.cn/zhengce/content/2014-06/22/content_8901.htm.

②　国务院办公厅关于深化产教融合的若干意见 [EB/OL]. (2017-12-19) [2021-02-26]. http://www.xinhuanet.com//2017-12/19/c_1122136033.htm.

③　王玲玲. 现代职业教育产教融合模式构建及实施途径 [J]. 湖北社会科学, 2015 (8): 160-164.

参考文献

陈正江，周建松，2019. 基于共同体理念的高职院校治理机制构建与实践 [J].
高等工程教育研究（5）：155-158.

董海燕，朱明苑，2020."双高计划"背景下高职院校治理能力提升研究 [J].
教育与职业（21）：44-49.

冯朝军，2021. 高职院校混合所有制办学的治理结构探析 [J]. 职教发展
研究（1）：48-55.

高江，2020. 高职院校现代治理体系的现实境遇与推动策略 [J]. 教育与
职业（22）：5-11.

金泓，胡永甫，2019. 民办高职院校内部治理能力提升路径探析 [J]. 西
部素质教育，5（11）：105-106.

匡瑛，2021. 关注整体性发展："双高"背景下高职院校治理体系改革研
究 [J]. 职教论坛，37（1）：28-32.

李丹，熊雅川，2019. 高职院校由管理向治理转变机制创新研究 [J]. 湖
北成人教育学院学报，25（6）：25-27.

李江华，练崇权. 交通类职业院校治理能力提升路径研究 [J]. 职业教育
研究，2021（2）：36-41.

李洁，2021. 我国公办高职院校内部治理内涵、问题及路径探析 [J]. 江
西电力职业技术学院学报，34（1）：60-62.

李亮，2018. 公立高职院校内部治理结构完善研究 [D]. 兰州：西北大学.

李亚玲，2021."双高计划"背景下高职院校多元协同治理：内涵、思路
与路径 [J]. 机械职业教育（4）：6-8，44.

李奕，2019. 权力制衡视野下的公办高职院校治理结构优化研究 [D]. 成
都：四川师范大学.

李莹，2020. 高职院校内部治理的现实考察与治理路径优化 [J]. 职教论

坛，36（11）：146-151.

廖毅强，袁先珍，刘泽华，等，2020. 高职院校内部治理能力提升的实践与探索：以广东轻工职业技术学院为例［J］. 广东开放大学学报，29（4）：103-108.

刘小花，2019. 高职院校治理能力的现状与提升路径研究［D］. 天津：天津职业技术师范大学.

刘永林，2015. 我国公办高等学校法人治理结构研究［M］. 北京：中国政法大学出版社.

陆雄文，2013. 管理学大辞典［M］. 上海：上海辞书出版社.

罗清萍，2021. 新形势下湖北高职院校治理体系现状与评价体系探索［J］. 武汉工程职业技术学院学报，33（1）：52-56.

吕继臣，2010. 中国公立高等学校法人制度研究［M］. 北京：北京师范大学出版社.

宋一闻，刘晶晶，2019. 治理语境下高职院校治理能力现代化的特征分析［J］. 连云港职业技术学院学报，32（3）：66-69.

隋姗姗，2021. 我国民办高职院校治理现代化的多重路径［J］. 高等职业教育探索，20（1）：16-21.

孙华，何承艾，2020. 高职院校内部治理体系建设与治理能力现代化研究［J］. 产业科技创新，2（35）：112-113.

孙建，2021. 高职院校内部治理体系现代化：内涵、使命、举措［J］. 黑龙江教育（理论与实践）（1）：38-40.

孙霄兵，2012. 中国特色现代大学制度建设研究［M］. 北京：教育科学出版社.

孙晓伟，2020. 高职院校治理共同体集体行动的逻辑分析与路径选择［J］. 职业教育研究（12）：39-44.

孙长坪，2019. 高职院校治理能力建设之维：治理体系+运行机制［J］. 现代教育管理（12）：87-92.

唐宁，2020. 高职院校如何将管理对象转变为治理主体？：基于高职院校内部治理逻辑的专业评价激励制度设计［J］. 职教论坛，36（9）：25-30.

佟海涛，2021. 新时代高职院校领导干部治理能力现代化研究［J］. 淮南职业技术学院学报，21（1）：122-125.

王国庆，2020. 教育信息化2.0时代高职院校内部治理能力提升的现实路径［J］.南京广播电视大学学报（4）：37-42.

王虹，2016.高职院校治理结构改革研究［M］.南京：南京大学出版社.

王茂元，2021.高职院校治理体系与治理能力现代化建设调查研究：以包头职业技术学院为例［J］.包头职业技术学院学报，22（1）：5-11，16.

王旎，2018.治理能力现代化背景下高职院校管理水平提升行动：以长沙环境保护职业技术学院为例［J］.现代商贸工业（17）：91-93

王旎，2019.“双一流”建设背景下高职院校治理能力建设的现状分析［J］.教育观察，8（28）：55-56.

王旎，2019.现代治理视域下高职教育第三方评价的实践研究［J］.教育观察（12）：71-72.

王旎，2020.职业教育产教融合中存在的问题及优化路径［J］.辽宁学院学报（2）：127-131.

魏勇，马晨阳，雷前虎，2019.新时代党建视域下高职院校治理能力优化路径探索［J］.邢台职业技术学院学报，36（4）：35-38.

徐艳华，周莹，刘鑫，2020.校园文化建设视域下高职院校治理能力策略研究［J］.新疆职业大学学报，28（3）：13-20.

薛荣丽，2021.提升高职院校领导班子治理能力的路径［J］.科教导刊（3）：19-20.

闫芳，2020.高职院校治理体系和治理能力现代化的问题及对策研究［J］.化纤与纺织技术，49（9）：88-90.

杨琼，2011.治理与制衡［M］.北京：教育科学出版社.

袁方，李刚，2020.公办高职院校治理体系优化研究［J］.才智（32）：23-24.

张呈宇，刘恋秋，2021.大数据背景下高职院校治理能力提升探索［J］.数字技术与应用，39（2）：219-221.

张国民，梁帅，2020.“双高”语境下高水平高职院校治理能力提升路径研究［J］.职业技术教育，41（31）：11-17.

张良，2020.高职院校治理能力现代化的理论意蕴与实现路径［J］.职业技术教育，41（27）：40-43.

张良，冯莉莉，2020.高职院校内部治理转型的动因、逻辑与路径［J］.当代职业教育（6）：20-26.

张琼，石长林，2021.高职院校多主体参与治理的模式、困境及路径分析［J］.

黑龙江高教研究, 39 (1): 109-114.

张文静, 储著斌, 2019. 现代教育体系下的高职院校共同治理探析: 基于利益相关者理论的视角 [J]. 连云港职业技术学院学报, 32 (2): 65-68.

赵朝琼, 2019. 教务管理走向教务治理: 谈高职院校治理效能的提升之径 [J]. 才智 (17): 16.

赵红杰, 2017. 利益相关者视角下高职院校内部治理结构研究 [D]. 沈阳: 沈阳师范大学.

郑传东, 王友明, 2020. 治理视域下高职院校巡察工作规范化建设研究: 以江苏高职院校为例 [J]. 无锡职业技术学院学报, 19 (6): 79-83.

郑新瑜, 谭贻群, 2021. 地方高职院校提升现代化治理能力研究 [J]. 文化产业 (1): 139-140. 周易, 2020. 基于内部控制视角下高职院校治理结构研究 [J]. 当代会计 (22): 37-38.

周宇霞, 2019. 基于全面预算管理的高职院校绩效评价指标体系构建研究 [J]. 中国管理信息化, 22 (16): 26-27.